U0724477

数据中心设计与组织技术

王丰　郭久智　林瑜　王蓉◎编著

中华工商联合出版社

图书在版编目（CIP）数据

数据中心设计与组织技术 / 王丰等编著 . -- 北京：
中华工商联合出版社，2024.3
ISBN 978-7-5158-3902-8

Ⅰ . ①数… Ⅱ . ①王… Ⅲ . ①数据处理中心
Ⅳ . ① G254.926

中国国家版本馆 CIP 数据核字（2024）第 052220 号

数据中心设计与组织技术

编　著：	王　丰　郭久智　林　瑜　王　蓉
出 品 人：	刘　刚
责任编辑：	吴建新
装帧设计：	尚　彩·张合涛
责任审读：	付德华
责任印制：	迈致红
出版发行：	中华工商联合出版社有限责任公司
印　　刷：	武汉鑫金星印务股份有限公司
版　　次：	2024 年 4 月第 1 版
印　　次：	2024 年 4 月第 1 次印刷
开　　本：	710mm × 1000 mm　1/16
字　　数：	152 千字
印　　张：	11.5
书　　号：	ISBN 978-7-5158-3902-8
定　　价：	69.80 元

服务热线：010-58301130-0（前台）
销售热线：010-58302977（网店部）
　　　　　010-58302166（门店部）
　　　　　010-58302837（馆配部、新媒体部）
　　　　　010-58302813（团购部）
地址邮编：北京市西城区西环广场 A 座
　　　　　19-20 层，100044
http://www.chgslcbs.cn
投稿热线：010-58302907（总编室）
投稿邮箱：1621239583@qq.com

编委页

编著作者：王　丰　郭久智　林　瑜　王　蓉

参编人员：刘　克　陈国升　卢　强　张兆轩

前　言

随着物联网、移动互联网、大数据等新技术的迅速发展，数据中心作为重要支撑载体，无论从数量还是体量上都出现了爆炸式增长。从企事业单位，到党政机关，数据中心从业人员的需求量都较大，人才短缺问题也日趋严重。数据中心的设计、施工组织涉及的理论知识较多，知识面较广，设计过程中用到的计算公式较多而且比较复杂。为了提升数据中心从业人员的理论知识水平，更好地支撑数据中心业务发展，特编写一本简明扼要，切合实际，实用性、操作性和系统性都较强的书籍。

本书共分为 12 章，包括数据中心的定义和发展现状、基础环境、电气系统、空调制冷系统、新风排烟系统、接地防雷系统、综合布线系统、消防灭火系统、机柜系统、控制管理系统、屏蔽体系统和施工组织管理等。第 1 章主要介绍了数据中心的定义、设计原则、建设内容及目前数据中心的发展现状等。第 2 章对数据中心的基础环境设计进行了阐述。第 3—11 章对数据中心设施设备的设计、建设进行了介绍，包括电气系统、空调制冷系统、新风排烟系统、接地防雷系统、综合布线系统、消防灭火系统、机柜系统、控制管理系统和屏蔽体系统等，并在重点章节中给出设计案例，对设计过程进行了阐述。第 12 章对数据中心各子系统建设组织管理中的要求进行了介绍。附录为数据中心施工组织、管理和验收过程中的部分样表。本书内容通俗易懂、深入浅出、重于实用，旨在为中型及以下规模数据中心的从业人员提供技术参考。

由于时间和编者的水平有限，数据中心相关技术也在不断变化、发展，疏漏在所难免。恳请各位专家和读者批评指正，以便再版时更正与补充。

编　者

2023 年 05 月

目　录

第1章

数据中心的定义和发展现状

1.1　数据中心的定义和发展现状

国家标准规范《数据中心设计规范》中给出的数据中心的定义为：为集中放置的电子信息设备提供运行环境的建筑场所，可以是一栋或几栋建筑物，也可以是一栋建筑物的一部分，包括主数据中心、辅助区、支持区和行政管理区等。主数据中心主要用于数据处理设备的安装和运行的建筑空间，包括服务器数据中心、网络数据中心、存储数据中心等功能区域。辅助区用于电子信息设施设备和软件应用系统的安装、调试、运行监控、维护和管理的场所，包括进线间、测试数据中心、总控中心、消防和安防控制器、拆包区、备件库、打印室、维修室等区域。支持区为主数据中心、辅助区提供动力支持和安全保障的区域，包括柴油发电机室、电池室、空调间、变配电室、动力房、不间断电源系统用房、消防设施用房等。

数据中心按照性质进行分类，可以分为企业数据中心和互联网数据中心；按照规模进行分类，可以分为超大型数据中心、大型数据中心和中小型数据中心。

我国以工业互联网、5G、大数据、人工智能等为代表的新兴数字技术的融合快速发展，推动了数据资源的云上发展。同时政府部门、金融、教育、医疗等行业越来越重视大数据的发展和应用，这些行业的私有云和大数据也正处于快速发展阶段，进一步带动了各行各业的数据中心加速升级扩张。而随着数据中心的建设被国家相关部门正式列入新基建的定义范畴，这又会更广泛地推动政府部门、企事业单位等的大量人力、物力投入，势必会形成新一轮的投资热和建设热潮。不少数据中心设施设备制造厂家也提出了预制模块化数据中心的概念，并在抗击疫情、节能减排等方面发挥了较大的作用。

近年来，国家发改委、工信部、国家能源局等多个部委陆续出台了一系列政策措施，这些措施会引导我国数据中心朝着绿色化、集约化、规模化的方向发展。

大量的服务器、存储设备、交换机在运行过程中会消耗大量能源。高耗能是数据中心的一个重大特点，是阻碍我国数据中心产业发展的主要问题。针对数据中心的高能耗问题，绿色化无疑是数据中心发展的重要发展方向。2020 年 12 月，发改委、工信部等四部门共同印发了《关于加快构建全国一体化大数据中心协同创新体系的指导意见》（发改高技〔2020〕1922 号），该意见指出，到 2025 年，要实现大型、超大型数据中心运行电能利用效率降到 1.3 以下。在政府工作报告中提出碳中和、碳达峰目标后，各级政府在建设、扩建数据中心过程中，对绿色化的审批会更加严格。2021 年 7 月 27 日，北京市发改委公布《关于印发进一步加强数据中心项目节能审查若干规定的通知》。通知中要求，北京市的数据中心项目将进一步加强节能审查，要求项目逐年提高可再生能源利用比例，在 2030 年达到 100%。

据不完全统计，截至 2022 年底，全国数据中心机柜总量达到了近 700 万标准机架，算力总规模近五年年均增速在 20% 以上。而且随着国家在云计算、大数据等新基建的大力度投入下，增长速度在近几年会越来越大。根据主要发达国家经验，目前全球数据中心的规模正在从中小型的传统数据中心向更大、能耗更低的超大型数据中心演进。全球投资建设的主要趋势是建设超大型数据中心，因为超大型数据中心的集群化、规模化能够更好地承载用户大规模的数据需求，也能够降低用户整体基础设施的成本及用户的运维成本。无论从我国中西部数据中心供需不平衡的角度考虑，还是从降低数据中心能耗的角度看，集约化和规模化都是数据中心未来发展的主要趋势。《关于加快构建全国一体化大数据中心协同创新体系的指导意见》（发改高技〔2020〕1922 号）中指出，到 2025 年，全国范围内数据中心要形成布局合理、绿色集约的基础设施一体化格局；东西部数据中心实现结构性平衡；根据能源结构、产业布局、市场发展和气候环境等，在京津冀、长三角、粤港澳大湾区、成渝等重点区域，以及部分能源丰富、气候适宜的地区布局大数据中心国家枢纽节点。

随着国家"双碳"目标的提出和战略执行，国家对数据中心的要求会越来越高。未来的数据中心只有考虑能源布局和清洁可再生资源，充分挖掘冷能资源的再利用，才能实现"碳中和"，才能实现可持续发展。

虽然数据中心的发展趋势是从中小型的传统数据中心向更大、更节能的超大型数据中心发展，但是中小型规模（随着时代的发展和电子信息技术的进步，中小型规模数据中心规模的界限也在不断变化，目前通常认为是面积约 800 平方米及以下规模）数据中心主要承载政府、金融、教育、医疗、国防领域等行业企事业单位、机构或分支机构的核心业务，重要性相对较高，存储的数据保密性相对较高，依然有着较为广阔的市场。据不完全统计，中小型规模数据中心占我国数据中心比例仍然较大。

1.2　数据中心建设的基本内容

数据中心是一个复杂的系统，由众多的子系统组成，主要包括基础环境系统、电气系统、空调制冷系统、接地和防雷系统、综合布线系统、消防灭火系统、机柜模块系统、控制管理模块系统和屏蔽体系统等。某些特殊行业、特殊用户对数据的安全性要求较高，这类数据中心的建设内容还包括电磁屏蔽体系统。每个子系统都是数据中心不可或缺的，只有作为整体运行，才能确保数据中心稳定可靠运行。数据中心的建设内容见图 1.1。

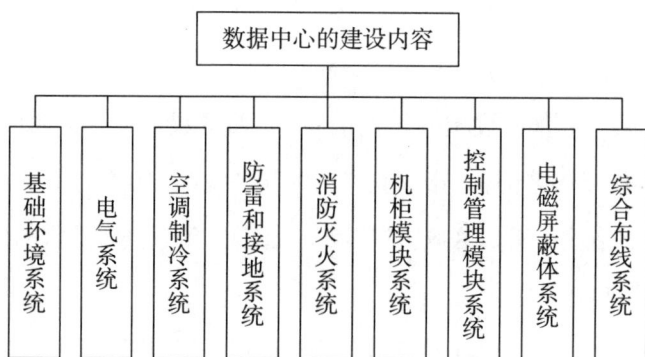

图 1.1　数据中心的建设内容

1.2.1　基础环境

基础环境是为数据中心提供关键的基础设施支持，主要包括主数据中心、辅助区、支持区等各个区域的装饰装修，给排水工程和静电防护等，为用户提供舒适的运维、工作体验。

1.2.2　电气系统

电气系统应坚持先进性、适用性、安全可靠性、经济性、合理性的原则来设计。电气系统的设计指供配电系统、照明系统和柴油发动机系统等的设计。供配电系统主要涉及高压配电柜、低压配电室、楼层配电室、UPS 电源系统、电池系统、机架配电柜等。如果数据中心建筑空间允许，数据中心的高压配电柜、低压配电柜、UPS 电源系统、电池系统等要分区域设计，进行独立区域设计。照明系统主要涉及各个区域的照明，除正常工作照明外，还应考虑应急照明。正常照明是指在常态情况下使用的室内照明，为运维人员和值守人员提供正常的照明；应急照明是当正常照明出现故障的情况下，供暂时继续工作、保障安全或疏散用的照明。柴油发电机系统是数据中心广泛采用的应急电源之一，其重要性不言而喻。在市电故障或者意外断电时，数据中心的 UPS 电源系统或高压直流后备蓄电池进入放电模式，保持数据中心电子信息设备供电的稳定。同时，柴油发电机组迅速启动、完成并机，向 UPS 电源系统供电或者代替 UPS 电源系统向数据中心电子信息设备供电。柴油发电机系统配置的合适与否决定了数据中心不间断供电的安全、稳定、可靠。

1.2.3　空调制冷系统

空调制冷系统主要分为集中式中央空调系统和普通风冷数据中心空调等。因为普通风冷型空调系统配置简单、维护方便、可操作性强，在中小型数据中心中的应用最多。集中式中央空调系统又分为风冷冷冻水空调系统、水冷冷冻水空调系统和集中冷却水空调系统等。

不同等级、不同规模的数据中心对空调制冷系统的设计有不同的要求。设计时应该根据数据中心的等级、规模，结合数据中心用户的实际使用需求，参照相关设计规范进行。

1.2.4　接地和防雷系统

接地和防雷系统是数据中心建设的重要组成部分，接地和防雷系统分为两个部分：第一个是防雷系统，防雷系统主要作用是防止因雷击对数据中心造成损害；第二个是静电接地系统，静电接地系统的主要作用是防止静电对数据中心设施设备造成危害。其设计和安装良好既是保证数据中心内电子信息设备和空调制冷系统等设备安全运行的重要措施，又是确保运维工作人员人身安全的有力举措。二者缺一不可，既是相互独立的，又是互相渗透的。

1.2.5 综合布线系统

综合布线系统是数据中心网络传输的基础系统。它使服务提供设备、数据信道设备、交换设备和其他信息管理系统等彼此相连。综合布线系统与数据中心乃至整个单位的网络架构都有着密切的关系。设计时要根据单位整体网络架构确定布线系统，主要涉及数据中心所在楼宇、主数据中心、接入间、操作监控大厅、运营商接入间等位置的布线系统设计。针对不同的用户需求，布线系统设计也不同，通常需要根据用户对网络带宽、容量和性能等要求，同时还需要结合网络技术发展状况，综合进行设计。

1.2.6 消防灭火系统

消防灭火系统作为数据中心安全保护系统的子系统，关乎整个数据中心的安全运行与否。消防灭火系统应根据数据中心相应等级要求进行设计，主要的设计内容包括火灾报警系统和灭火系统两个部分。二者缺一不可、相辅相成，既相互独立，又互相渗透。火灾报警系统主要提供火灾隐患的预警信息，灭火系统主要是根据收到的火灾预警信息，进行灭火作业。

1.2.7 机柜模块系统

机柜模块系统也称为机柜系统，是为服务器、存储、交换机、安全设备等提供存放空间的机柜。随着技术和用户需求爆炸式增长，越来越强调处理能力的服务器，越来越大容量的数据存储设备和网络设备都需要消耗越来越多的电能。而集成度越来越高的设备，其发热量就越集中，导致机柜模块温度控制成为一个较大的问题。只有对降低数据中心能耗的新技术与新方法进行研究，通过合理选用机柜模块，合理选择空调制冷系统，合理进行散热规划，合理进行机柜模块设计优化、布局、使用等，以提高机柜散热效率，降低数据中心的整体能耗，才能达到节能减排的目标。

1.2.8 控制管理模块系统

控制管理模块系统涉及监测、知识库、管控、报表等多个功能，主要是监测数据中心的机柜模块温度、湿度、漏水情况、主要电气参数、空调状态、UPS 状态及视频监控和预警情况等，同时为数据中心的运行、管理提供报表查询功能，确保数据中心的可靠、稳定、安全运转。

1.2.9 电磁屏蔽体系统

一般只有涉及国家秘密的军、警、政府部门或者企业对商业信息有保密要求的，才会要求建设屏蔽数据中心。电磁屏蔽体结构形式和屏蔽件的选择要根据用户对屏蔽体效能指标要求和规模进行选择、设计。

屏蔽体是数据中心中比较特殊的组成部分，往往会涉及与辅助区、支持区相关布线系统、相关设备的交叉设计施工。这些内容会在其他章节进行详细介绍。

1.3 数据中心的设计原则

现代数据中心的发展速度较快，数据中心设计的好坏不仅关系着数据中心能否安全稳定运行，还关系着后期运维是否舒适实用。数据中心的设计方针主要包括标准化、节能降耗、可持续发展、绿色环保等。为建设一个技术先进、稳定可靠、舒适实用、节能高效的数据中心，必须遵循近期建设规模与远期发展规划协调一致的设计原则。数据中心在规划设计中，必须坚持的原则包括安全、稳定、可靠，可管理性，节能高效，可扩展性，整体性，舒适性，合理性。

1. 安全、稳定、可靠

安全、稳定、可靠是数据中心设计的最基本原则，也是数据中心设计成功是否的关键。数据中心是一个系统工程，不能一味地追求技术先进性，而不考虑技术成熟度，要努力做到数据中心的基础环境、空调制冷系统、综合布线系统、消防灭火系统、电气系统、控制管理模块系统等各子系统之间的无缝对接和良好匹配。同时还要根据数据中心的设计等级，在关键设施设备上，采用备份、冗余等手段，以提高数据中心应对突发故障的安全性和可靠性。

2. 可管理性

建设中型及以下规模数据中心的单位大多运维人力有限，为简化管理人员的维护工作，提供运维效率，做到智能化、集中化监控管理数据中心，必须要建设好控制管理模块系统，以更好地监测数据中心中的基础设施（服务器、交换机、存储、安防系统、环控管理系统等）、制冷系统、UPS 电源系统、机柜模块系统等，实现监测的灯光、语音实时报警，并能为确定报警故障点提供参考。

3. 节能高效

在国家节能减排的政策要求下，无论是特大型、大型数据中心，还是中小型数据中心，都要考虑节能减排的设计，充分考虑各子系统的节能减排，才能建成高可用、低能耗的数据中心。

4. 可扩展性

数据中心的设计应坚持按需规划、总体设计、分期实施的原则，避免基础设施一次性投入建设，造成资金和资源的浪费。另外，要合理考虑后期系统扩容时可能对先期建设内容的影响，使得用户先期建设内容尽量不会因扩建而遭到废弃。

5. 整体性

数据中心设计必须统一规划，高度整合。充分考虑数据中心内每套设备，做到布局合理，充分考虑到数据中心基础装修装饰、结构与数据中心各子系统之间的相互关系，保证数据中心系统建设的整体性，才能实现数据中心建设、应用与运维管理的一体化。

6. 舒适性

在数据中心整体设计中，要贯彻"以人为本"的思想，全面考虑运维、值守人员对操作环境的舒适性需求。保持空气流通、新鲜，保证温度和湿度等环境指标符合信息系统设备的要求，噪音符合有关国家标准规范要求。

7. 合理性

数据中心内主体空间规划设计时，要充分考虑空间布局合理、美观，做到空间便于机柜排列，冷热通道分布合理，供给设备冷量充足，使用效率和工作效率高等。

1.4　数据中心的设计依据

数据中心主要是根据标准进行设计，我国现行的标准体系主要包括国家标准、行业标准、地方标准、团体标准和企业标准五类。在国家标准体系的基础上，还需要结合用户的特别需求进行针对性设计。当然，行业标准、团体标准、特殊需求等均要在国家标准的框架和总体要求之下进行，总体是以用户需要为基础，重点考虑功能齐全、技术规范、运维安全、可靠稳定等要求。为了更好地满足不同行业对数据中心的不同需求，国内电信运营商、一些大型金融机构、互联网公司等企事业单位，适时地推出了一些数据中心行业标准和企业标准。为了满足特殊保密领域对数据中心、电磁屏蔽等保密的特殊要求，我国也出台了相关的行业标准与规范。地方标准是省级地方政府为满足地方自然条件、风俗习惯等特殊技术要求，制定并发布的标准。团体标准是依法成立的社会团体为满足市场和创新需求，遵守标准化工作的基本原理、方法和程序，协调相关市场主体共同制定的标准。国家标准体系中，国家标准强调的是"保住安全绿色底线"，行业标准强调的是"体现行业特色发展"，团体标准强调的是"及时适应团体发展"，地方标准强调的是"满足当地特需"，企业标准强调的是"突出企业质量提升"。主要的标准和规范见表1.1。

表 1.1　数据中心设计的主要标准和规范

序号	标准编号	规范名称	备　注
1	TIA-942	《数据中心电信基础设施标准》	国际标准
2	GB 50174	《数据中心设计规范》	国家标准
3	YD 5193	《互联网数据中心（IDC）工程设计规范》	行业标准
4	YD 2542	《电信互联网数据中心（IDC）总体技术要求》	
5	YD/T 1821	《通信局（站）数据中心环境条件要求与检测方法》	

1.5　数据中心的等级划分

设计数据中心之前，首先要确定所设计数据中心的等级，依据的标准是国家标准《数据中心设计规范》（GB 50174-2017）。该标准将数据中心划分为A、B和C级三个等级，等级划分标准见表1.2。设计时要根据用户需求、使用性质、使用特点，结合标准中各等级的相关规定进行规划。确定数据中心等级之后，再根据相关标准、规范等，结合数据中心使用用户需求，设计数据中心各子系统的相关参数和指标。

表 1.2 《数据中心设计规范》等级划分

角度	A 级	B 级	C 级
经济性	电子信息系统运行中断将造成重大的经济损失	电子信息系统运行中断将造成较大的经济损失	不属于 A 级或 B 级的数据中心为 C 级
安全性	电子信息系统运行中断将造成公共场所秩序严重混乱	电子信息系统运行中断将造成公共场所秩序混乱	

1.6 章节小结

本章首先描述了数据中心的定义和发展现状，其次从数据中心建设的基本内容、数据中心设计的基本原则、数据中心设计依据等角度进行了详细的阐述，从而让读者对数据中心有整体的了解和认识，具备数据中心规划、设计的基础知识。

第2章

数据中心基础环境设计

数据中心的基础环境设计主要指为数据中心提供良好的基础设施、装修、装饰等系统，涉及数据中心装修装饰、防潮、防尘、防鼠患、防火等多个专业的协调与配合。在业务完善、技术规范、安全可靠的基础上，根据相关设计标准规范，结合用户现场使用实际，才能设计出满足用户需求、成熟稳定、可靠安全的数据中心。

2.1 设计标准规范

GB 50174-2017《数据中心设计规范》

GB/T 2887-2011《电子计算机场地通用规范》

GB/T 9361-2011《计算机站场地安全要求》

GB 50057-2017《建筑物防雷设计规范》

GB 50054-2011《低压配电设计规范》

GB 50210-2002《建筑装饰装修工程施工质量验收规范》

GB 18580-2017《室内装饰装修材料人造板及其制品中甲醛释放限量》

GB 18581-2009《室内装饰装修材料溶剂型木器中有害物质限量》

GB 18582-2008《室内装饰装修材料内墙涂料中有害物质限量》

GB 18583–2008《室内装饰装修材料胶粘剂中有害物质限量》

GB 9175–1988《环境电磁卫生标准》

GB 8702–88《电磁辐射防护规定》

GB 50265–2007《气体灭火系统施工及验收规范》

GB 50116–2013《火灾自动报警系统设计规范》

GB 5004–95《建筑设计防火规范》

GB 50222–2017《建筑内部装修设计防火规范》

GB 50052–2016《供配电系统设计规范》

GB/T 36340–2018《防静电活动地板通用规范》

GB 50243–97《通风与空调工程施工及验收规范》

GB 50303–2015《建筑电气工程施工质量验收规范》

GB 50325–2010《民用建筑工程室内环境污染控制规范》

GB 50034–2013《建筑照明设计标准》

GB 50168–2018《电气装置安装工程电缆线路施工及验收规范》

GB 6650–86《计算机数据中心用活动地板技术条件》

2.2　数据中心基础环境

2.2.1　吊顶设计

吊顶是数据中心基础环境中重要的组成部分。吊顶上安装着强电管线、弱电管线，同时也是消防灭火系统的气体和新风系统管道等。在吊顶面层上安装着嵌入式灯具、消防报警探测器、气体灭火系统喷头、新风排风系统风口等。数据中心吊顶必须防尘、防火、防潮、吸音、抗腐蚀，达到降低电磁干扰、绿色环保、美观和易于拆装等要求，同时还需要考虑空调的回风设计。

在进行具体设计时，吊顶板材尺寸大小的设计还要考虑灯具的尺寸大小、机柜或者机柜冷通道的摆放位置，做到灯具和吊顶的协调、统一、美观。

吊顶的主要部件包括吊杆、吊架龙骨和吊顶面板等。常用的吊顶材料有微孔铝合金板、铝塑板、石膏板等。从防尘性、美观性、耐用性等角度综合考虑，目前最常用的依然是微孔铝合金板。

与传统吊顶材料相比，微孔铝合金板轻质、耐水、不吸尘、抗腐蚀、易安装、易擦洗，具有很好的阻燃、隔音效果，质感和装饰感更强。如果在微孔铝合金板背面贴上吸音棉，隔音效果更佳。

吊顶虽然易安装、易擦洗，但是也存在后期维护麻烦、安装平整难度大的缺点，而且无法直接看到吊顶内部管道状况，不利于后期的运维，也不利于后期对管网完好性的监视。所以，现在数据中心无吊顶设计变得越来越流行，让线缆、气体灭火管道、新风管道等直接裸露在外，可以减少后期维护的工作量，各种线缆、管道都能直接看到，有助于长期运维监控。

2.2.2　地面工程设计

数据中心地面工程的设计包括抗静电活动地板、地面防尘、防潮、防霉处理等。防静电活动地板指用支架和横梁连结后架空的防静电地板。在数据中心、通信数据中心工程技术施工中，抗静电活动地板是必不可少的，作用主要有两个：一是在活动地板下形成隐蔽空间，可以在地板下隐蔽敷设线管、线槽等一些电气线缆，确保数据中心内的干净、整洁；二是地板的抗静电功能也能够为数据中心相关设备的安全运行提供保障。

地板下的墙面、柱面、地面均需刷涂防水涂料、防尘漆两遍。全部水泥面均经刷漆处理，以达到不起尘的效果，从而保证数据中心的干净、整洁。

设计静电地板的时候，需要同时设计静电泄露系统，设计静电泄露地网。静电泄露地网要将静电泄露干线和数据中心安全保护的接地端子封在一起。

当数据中心采用上送风下回风的空调制冷系统时，主数据中心地面通常采用抗静电活动地板。辅助区、支持区的功能房间可以设计安装防静电活动地板，也可以采用自流平、环氧地坪漆、环氧自流平等。自流平、环氧地坪漆、环氧自流平具有耐强酸碱、耐磨、耐压、耐冲击、防霉、防水、防尘、止滑以及防静电、电磁波等特点。

2.2.3　墙、柱面装饰

墙、柱面装饰也是数据中心基础环境设计中的重要部分，要满足防火、防尘、保温、坚硬、防静电等要求，为数据中心安全可靠提供重要保障，也为运维人员提供舒适、美观、整洁的环境。同时设计时，还可以根据用户要求，采用线条、色彩、图案等方式，设计出符合用户特点的装饰效果，以体现用户自身的特色。

墙面、柱面装饰材料常用的一般有乳胶漆、铝塑板和彩钢板三种。三种材料价格有很大的区别，施工工艺也有区别。彩钢板具有表面耐磨损、耐腐蚀、抗老化等特点，对消防、灰尘要求较高的墙、柱面，通常用铝塑板和彩钢板进行装饰。从防静电、洁净度角度讲，铝塑板和彩钢板差别不大，但是从施工工艺、环保、防火等角度考虑，彩钢板要优于铝塑板。设计时，彩钢板与墙体间要设计防潮保温层，做防潮保温处理，以避免钢板结露。辅助区、支持区部分对消防、防尘要求不高的房间也可以采用粉刷乳胶漆的方式进行装饰。墙板要具有抗静电性能，当数据中心的装修等级高、设备精密程度高、对运行环境要求严格、对静电影响敏感时，就需要考虑选用抗静电钢板作为数据中心墙板，可以防止墙板上静电积聚，能够有效及时地消除数据中心内产生的静电，确保电子设备的安全、稳定运行。

数据中心所有与外界连接的墙体不能有缝隙，设计时要注意密封，防止虫、鼠进入数据中心。

2.2.4　门窗工程

数据中心出入口大门要根据安防要求，设计钢制防盗门，并联动控制管理模块，安装电子门禁系统（指纹、刷卡、人脸识别、密码），做到进出数据中心人员的有效管控。

主数据中心一般做无窗设计，或者对窗户进行密封处理。新建数据中心，建议做无窗设计。利用已有建筑物改建数据中心，如果主数据中心和外界连接的窗户为东、南、西向，一般需封堵原有窗户，做无窗设计，以减少阳光对数据中心能耗的影响。如果主数据中心和外界连接的窗户为北向，且面积不大，不影响数据中心安全，可以封堵窗户，也可以在确保密封的情况下，保留窗户。

数据中心内 UPS 系统、电池区域等对防火要求较高的房间门应该设计安装钢制防火门，如果有窗户，可以设计安装防火玻璃。防火玻璃不仅能起到应有的防火功能，而且美观大方，更方便参观。

对于运营商接入间、备品间等无防火要求的房间，可以根据需求设计安装玻璃门、防盗门、铝合金门、木质门等。通常为了数据中心内各个区域房间装修装饰风格的一致、美观，门窗风格应该统一。

2.2.5　防鼠、防虫措施

设计时，数据中心主门口及电气系统区域门口均应设置挡鼠板，数据中心与外界的孔洞必须设置铁砂网，防止老鼠的进入。

防虫主要措施是在数据中心内外门口安装防虫灯。

2.2.6　防水措施

数据中心作为信息化建设的重要基础设施，存放有服务器、网络设备，对安全性和可靠性要求非常高，并且数据中心投资巨大，任何漏水情况都有可能造成无法挽回的经济损失。

数据中心防水通常采取主动防护和被动防护两种措施，主动防护措施是在数据中心规划建设时减少漏水隐患；被动措施是万一发生漏水情况，要采取行之有效的防水措施，确保数据中心的安全。

数据中心漏水的潜在隐患主要包括：

1. 数据中心内精密空调水管破损导致漏水。

2. 数据中心内空调制冷系统冷凝水管破损导致漏水。

3. 数据中心辅助区工作间消防用水、生活用水水管破损导致漏水。

4. 天花板因雨水发生渗漏。

针对漏水隐患，在设计数据中心时，就要充分考虑，做好规划设计。

如果数据中心的辅助区、行政办公区等区域安装有自动喷水灭火设施、空调机或者加湿器等，应在地面设置挡水和排水设施，用于冷凝水排水、空调加湿器排水、消防喷洒排水、管道漏水排水等。

数据中心内的给水排水管道要设计保温层，防止低温结露情况的发生。主数据中心内不应有与主数据中心内设备无关的给排水管道穿过。为防止给排水管道发生破损漏水，数据中心内任何电子信息设备的上方不能设计给排水管道。同时进入主数据中心的给水管道应加装阀门，以做到发生漏水险情时可以第一时间关闭阀门，切断管道进水。

为防止天花板发生漏水情况，设计数据中心时，不能将数据中心设计在厕所、浴室、厨房或其他经常积水场所的正下方。如果条件不允许，至少不能将主数据中心、UPS 室、配电室、电池室等对防水要求较高的区域设计在厕所、浴室、厨房或其他经常积水场所的正下方。

如果数据中心所在建筑物为一层建筑，设计时建筑物顶屋面须做防水层，并确保每两三年重新进行防水层的更换与维修。同时，在建筑群内顶面安装温湿度检测传感器，做到数据中心控制管理系统能够对内顶面的温湿度进行监测。

2.3　章节小结

数据中心基础环境是数据中心相关基础设施承载的环境，环境设计的友好与否将直接决定数据中心工作人员的工作体验和数据中心的安全。本章是数据中心子系统设计的第一个章节，主要介绍了数据中心基础环境的设计，包括吊顶、地面工程、门窗工程、墙柱面装饰，以及防水、防虫、防鼠患等的相关措施和设计要点。

第3章
数据中心电气系统

数据中心电气系统设计是数据中心设计中的重要部分之一，也是数据中心设计和建设的重中之重。实验证明，当电网中断 1~2ms 时，电子信息设备就会断开控制整流器，产生磁场，使直流电源产生振荡，并会引起逻辑电路误动作，甚至会使存储信息发生变化，导致存储数据的丢失。当电网电压或者电流不稳定时间持续一周以上，电子信息设备就会出现重启、程序紊乱、硬盘烧毁等严重后果。电气系统质量的好坏将直接影响着电子信息设备、空调系统和控制管理系统等的可靠、安全、稳定运行。电气系统的设计主要包括供配电柜、UPS 电源系统、电池系统、照明系统、柴油发电机系统和电力电缆等的设计。

3.1 设计标准规范

GB 50462-2015《数据中心基础设施施工及验收规范》

GB/T 2887-2011《电子计算机场地通用规范》

GB 50052-2016《供配电系统设计规范》

GB 50054-2011《低压配电设计规范》

GB 50034-2013《建筑照明设计标准》

GB 50303-2015《建筑电气工程施工质量验收规范》

GB 50174-2017《数据中心设计规范》

3.2 标准规范中的相关规定

《数据中心设计规范》（GB 50174-2017）中规定："交流供电时，稳态电压偏移范围为 380V/220V（+7%~10%）；电子信息设备正常工作时，稳态频率偏移范围为 50Hz±0.5，输入电压波形失真度不大于 5%，不同电源之间进行切换时，允许断电持续时间为 0~10ms。A 级数据中心供电电源应按一级负荷中特别重要的负荷考虑，由双重电源供电，并要求设置备用电源；备用电源宜采用独立于正常电源的柴油发电机系统，也可采用供电网络中独立于正常电源的专用馈电线路。柴油发电系统应连续和不限时运行，输出功率应满足数据中心最大平均负载的需求。B 级数据中心供电电源应按一级负荷进行考虑，宜由双电源供电；当只有一路电源时，须设计柴油发电机系统作为后备电源。柴油发电系统的输出功率可按限时 500h 运行功率设计。C 级数据中心应按二级负荷进行考虑。"该标准对不同等级数据中心的电气系统进行了相应的规定，详见表 3.1。

表 3.1 不同等级数据中心对电气系统的主要规定

电气系统	A 级	B 级	C 级	备　注
供电电源	应由双重电源供电	宜由双重电源供电	两回线路供电	
变压器	2N	N+1	N	A 级数据中心也可采用其他避免单点故障的系统配置

续表

电气系统	A 级	B 级	C 级	备　注
柴油发电机	N+X（X=1~N）	N+1 当供电电源只有一路时需设置后备柴油发电机系统	不间断电源系统的供电时间满足信息存储要求时，可不设置柴油发电机	
柴油发电机的基本容量	应包括不间断电源系统的基本容量、空调和制冷设备的基本容量			
柴油发电机燃料存储量	满足 12h 用油			1. 当外部供油时间有保障时，燃料存储量仅需大于外部供油时间。 2. 应防止柴油微生物滋生
不间断电源系统配置	2N 或 M（N+1）（M=2、3、4…...）	N+1	N	N≤4
	可以 2N，也可以（N+1）			当两个或两个以上地处不同区域的数据中心同时建设，互为备份，且数据实时传输、业务满足连续性要求时，数据中心的基础设施可按容错系统配置，也可按冗余系统配置
不间断电源系统自动转换旁路	需要			
不间断电源系统手动维修旁路	需要			
不间断电源系统电池最少备用时间	15min 柴油发电机作为后备电源时	7min 柴油发电机作为后备电源时	根据实际需要确定	

电气系统	A 级	B 级	C 级	备　注
空调系统配电	双路电源（其中至少一路为应急电源），末端切换。采用放射式配电系统	双路电源，末端切换。采用放射式配电系统	采用放射式配电系统	
变配电所物理隔离	容错配置的变配电设备应分别布置在不同的物理隔间内			

供配电系统设计之前，需了解用户对数据中心等级的要求，明确用户对前端供配电系统和后端负载的具体需求。在等级相应标准规定的基础上，明确数据中心前端配置几个变压器、采用几路电源、配置几台后备柴油发电机、UPS 冗余配置方式、后端负载总容量、UPS 电池后备时间、电池电压要求等。

3.3　数据中心供配电系统

供配电系统是一个综合性的系统，一般由变压器、高压配电系统、低压配电系统、UPS 主机、电池组、柴油发电机组、防雷器、配电列头柜、PDU、连接器等部分组成。其是主数据中心计算机及网络设备、空调制冷系统、排烟系统、新风系统、控制管理模块等设备的动力来源，是电气系统设计的重要环节之一。供配电系统的设计是否可靠、稳定，将直接关系到整个数据中心的可靠与否，更关系到数据中心后期运维的便利性和安全性。

3.3.1　后端负载总容量

数据中心的后端负载总容量包括电子信息设备总功耗、空调制冷系统功耗、控制管理系统功耗，以及新风排烟系统、加湿系统、照明系统能耗等。据不完全统计，一个 PUE（电能利用效率）为 1.5~1.7 的数据中心，在基础设施的能耗中，电子信息设备总功耗和空调制冷系统功耗占数据中心后端负载总容量的 90% 以上。具体的计算公式为

$$T=K+L+M+N+U+P,$$

其中 T 表示数据中心的后端负载总容量，K 表示电子信息设备总功耗，L 表示空调制冷系统功耗，M 表示控制管理系统功耗，N 表示新风排烟系统功耗，U 表示加湿系统能耗，P 表示照明系统能耗。

在数据中心规划建设初期，对于建设场地空间充足，使用后能够明确安装设备的型号、数量的情况下，可以根据用户具体服务器设备的功耗情况，进行数据中心总体功耗需求的计算。市电总输入、市电配电柜、后备柴油发电机的容量以及断路器、电缆选型都要满足后端负载总容量的大小。

对于数据中心建成后设备设施数量、型号等不能明确，甚至具体多少个机柜都无法明确的情况下，一般可以根据场地空间面积，依据机柜功率密度和机柜数量进行估算。一般情况下，可以按照每个电子信息设备机柜占约 3m²，电子信息设备机柜高中低功率密度分别为 14kW、6kW、4kW 进行估算。电子信息设备机柜估算后，再根据电子信息设备功耗、场地空间面积计算出空调制冷系统的负载。常规数据中心设计时，综合考虑，一般按照每个机柜 6kW 进行设计。

3.3.2　供配电系统的主要模块

从功能分割角度讲，供配电系统的模块主要包括 UPS 电源系统、蓄电池系统、配电柜系统和照明系统等。其中配电柜系统包括市电配电柜、UPS 电源系统配电柜、数据中心机架列头配电柜、楼层配电柜、照明系统配电柜等。

UPS 电源系统的设计内容包括数据中心负荷的计算、UPS 的容量、数量、

型号、组网方式、摆放方式、监控方式等。

电池系统的设计内容包括电池数量、容量、规格（型号、电压、尺寸、重量等）、连接方式、摆放方式等。

市电配电柜的设计主要包括数据中心总负荷的计算、断路器大小及型号选择、主接线形式、配电柜摆放的方式及位置等。

UPS 配电柜包括 UPS 输入配电柜和 UPS 输出配电柜。设计内容包括负荷的计算、断路器大小及型号选择、主接线形式、配电柜摆放方式及位置等。

楼层配电柜的设计主要包括楼层负荷的计算、断路器大小及型号选择、主接线形式、配电柜摆放方式及位置等。

主数据中心机架配电柜的设计内容主要包括负荷计算、机架 PDU 规格（数量、电压、电流等）选择、组网方式、摆放方式、工作方式、监控方式等。

照明系统的设计内容不但包括灯具（型号、大小、照度等）的选择、供电方式、控制方式等，还包括应急照明系统灯具的设计。

电气系统在具体设计中，会涉及线缆的选择和走向、接地和防雷等，这也是电气系统设计中非常重要的一个环节，这部分内容将在其他章节详细叙述。

3.3.3 数据中心主要设备及其电源特点

数据中心中主要的用电设备包括电子信息设备、空调制冷系统、照明系统等。电子信息设备（服务器、交换机、存储、路由器、计算机、运维设备等）是主要的能耗设备，约占数据中心总耗电量的 60% 以上。其中服务器又是耗电量最大的电子信息设备。早期数据中心机架式服务器高度一般是 3~5U（1U=4.45cm），现在的服务器高度一般是 2U 或者 1U，普通 2U 服务器的满载功率约为 350W 左右。通常情况下，服务器不会满载运行，电量最多利用到 70% 左右，也就是功率约 250W。只有清楚主要电子信息设备的电源特点，才能设计出合理的数据中心供配电系统。

3.3.3.1　电子信息设备电源铭牌

服务器是电子信息设备中耗电最多的设备，这里主要以服务器电源铭牌为例，说明铭牌上的相关参数表示的含义。

电源铭牌上的信息参数较多，主要包括电源认证标识、输入、输出、额定功率、最大功率、生产厂家等。其中，对供配电系统设计比较重要的参考因素包括输入、输出、额定功率、最大功率等。

输入（INPUT）：电子信息设备的输入主要包括最大额定输入电流和输入电压，表征额定输入电流的最大值和输入电压的高低大小。

最大输出功率：电子信息设备电源的最大输出功率被称为铭牌功率（Nameplate Rating），是容量设计时通常需要参考的数值。电源最大输出功率大于服务器负载容量，通常在进行数据中心设计时，负载容量取值大概等于电源铭牌最大输出功率的 70%–85%。

输出（OUTPUT）：电子信息设备的输出主要包括输出电压、最大输出电压，表征电源的输出电压和最大输出电压的能力。

3.3.3.2　服务器的供电方式

我国电网电压提供的是交流 380V/220V、50Hz，而服务器逻辑电路用的是直流低电压。为服务器供电的电源系统自然需要完成交流电到直流低电压的转变。服务器电源一般是使用可靠性较高的高频开关电源，同时为了安全、可靠，服务器一般都具备两个及两个以上的电源模块安装位置，需要并联运行配置两个及两个以上的模块。虽然服务器设备输入的是交流电源，但交流电源的核心部分还是直流电 / 直流电的变换电路，所以，只要提供一个合适范围的直流电压给直流电 / 直流电变换电路，同样也能够满足服务器设备的稳定、安全、可靠工作。随着电子信息设备和业务需求的不断发展，电子信息设备对电源安全供电的能力要求越来越高，需要克服传统交流电源可靠性差、电压转换级数多、线路损耗大、维护成本高等缺点。为了解决这些问题，高压直流系统（HVDC）便应运而生了。服务器电源支持两种供电模式，一种是支持传统交流电直接输入模式，另一种是支持高压直流输入模式。2014年之后生产的服务器电源一般都支持这两种供电模式，2014年之前生产的服务器一般只支持传统交流电直接输入。

3.3.4　UPS电源系统

UPS（Uninterrupted Power Supply）电源系统即不间断电源系统，是由变流器、开关和储能装置等组成的系统，在输入电压、电流正常和故障时，输出交流或者直流电源，在一定时间内，能做到稳压稳频输出的后备电源设备。在数据中心中，UPS电源系统主要起两个作用：一是作为应急使用，防止市电突然断电而影响数据中心后端负载设备的正常运行；二是消除输入市电电网上的电压波动、频率变化、浪涌冲击、谐波电压、谐波电流等"电源污染"，以改善输入市电质量，为数据中心电子信息设备提供高质量的电源，保证设备的稳定、可靠运行，延长电子信息设备的使用寿命。一般情况下，从安全性、经济性等角度综合考虑，UPS电源系统和数据中心机柜系统不能放置在一个区域空间内，要单独分别放置于不同区域内。目前较先进的UPS电源系统可以根据数据中心所带负载的大小，控制UPS电源系统自动启停、加减主机容量，实现UPS电源系统功率与负载的最优配合，进一步降低UPS电源系统空载运行带来的电能损耗，从而达到UPS电源系统智能控制的目的。

《数据中心设计规范》（GB 50174-2017）对UPS电源系统有如下规定："电子信息设备宜由不间断电源系统供电。不间断电源系统应有自动和手动旁路装置。确定不间断电源系统的基本容量时应留有余量。不间断电源系统的基本容量可按照 E≥1.2P 进行计算。式中，E 表征不间断电源系统的基本容量（kW/kVA），不包括冗余或者容错系统中 UPS 的容量；P 表征数据中心电子信息设备的计算负荷（kW/kVA）。"标准对不同等级数据中心的 UPS 电源系统进行了相应的规定，详见表 3.2。

表 3.2　不同等级数据中心对 UPS 电源系统的规定

子系统	A 级	B 级	C 级
UPS 电源系统	2N 或 M（N+1） M=2，3，4…	N+1	N
	需要设置自动转换旁路	需要设置自动转换旁路	
	需要设置手动维修旁路	需要设置手动维修旁路	
	柴油发电机系统作为后备电源时 UPS 电源系统至少备用 15min	柴油发电机系统作为后备电源时 UPS 电源系统至少备用 7min	

从安全性、经济性等角质考虑，A 级中小型数据中心的 UPS 电源系统必须有冗余设计，通常设计为 2N 或 2（N+1）配置。

3.3.4.1　UPS 电源系统的工作原理

UPS 电源系统主要包括整流器和充电器及逆变器。整流器和充电器是将交流电转变为直流电的部件，逆变器是将直流电再转变为交流电的部件。整流器和充电器将市电交流电经自耦变压器降压、全波整流和滤波转变为直流电，并为蓄电池系统充电。一旦市电供电中断或者故障，蓄电池通过对逆变器供电，以保证 UPS 电源系统电源输出交流电压，确保数据中心设备的正常运行。

3.3.4.2　UPS 电源系统的性能指标

UPS 电源系统的性能指标主要包括输入特性指标和输出特性指标。

输入特性指标主要包括输入电压、输入功率因数、输入频率、输入电流谐波含量和输入保护等，表征 UPS 电源系统对输入市电电网的具体要求。

输入电压表示 UPS 电源系统正常运行时所要求的输入市电电压范围。

输入功率因数表示输入到 UPS 电源系统的电能转化为设备有功功率的比例。

输入频率表示 UPS 电源系统正常运行时所要求的输入市电电网频率范围。

输入电流谐波含量表征负载端设备的正常运行的能力，谐波含量与功率因数是相辅相成的，谐波含量越低，功率因数就越高，就越能保障负载端设备的正常运行。

输入保护表征 UPS 电源系统为后端设备供电的能力。当输入市电发生故障或者市电输入的电压、频率超过 UPS 电源系统自身规定范围时，UPS 电源系统能立即启动，利用蓄电池为后端设备负载进行供电。

输出特性主要是指表征 UPS 电源系统为后端负载设备进行供电的一些指标，包括整机效率、输出功率、功率因数、输出频率、输出波形、输出电压、波形失真度、过载能力、后备时间和工作噪音等。

整机效率：输入 UPS 电源系统的电能，除了输出有效功率外，还会有电能损耗。UPS 电源系统的整机效率越高，浪费的电能越少，转化为有效的功率越高。整机效率是指视在功率与负载消耗的总功率的比值。数值上是输出功率与输入总功率的比值，通常用百分比表示。整机效率是 UPS 电源系统的关键指标之一。影响 UPS 电源系统整机效率的因素较多，包括前置变压器、滤波器、逆变器、整流器、输出变压器以及负载的功率因数和负载百分比等。由于很多影响因素无法估算，所以计算整机效率时，通常只考虑 UPS 电源系统内部固定的整流器和逆变器两部分因素。UPS 电源系统整机效率 = 整流器效率 × 逆变器效率。

功率因数表征 UPS 电源系统输出的有功功率与 UPS 电源系统标称功率即视在功率的比值，用公式记为 $\cos\phi = P/S$。设计时，$\cos\phi$ 一般取值 0.8 或

0.85，取值 0.8 更普遍。

UPS 电源系统的输出频率表征当市电发生故障或者中断时，蓄电池系统输出直流电提供给 UPS 系统逆变器，并确保后端设备负载能正常工作时的输出频率。

输出电压：通常用 UPS 电源系统输出电压的稳定度和 UPS 电源系统输出电压的瞬变特性来刻画 UPS 电源系统输出电压的性能。UPS 电源系统输出电压稳定度表征 UPS 电源系统能够输出稳定电压的能力，输出电压的变化范围一般为 220V（−5%~+5%）；UPS 电源系统输出电压的瞬变特性表征后端设备负载从 0 变化至 100%（或者从 100% 变化至 0）阶跃变化时，输出电压的变化量以及恢复正常电压所需要的时间。

UPS 电源系统的输出波形一般包括准方波和正弦波两种。

波形失真度表征当后端设备负载为线性负载时，输出波形中谐波含量与正弦波含量的比值。由于准方波的谐波含量较大，所以一般情况下，不会给出失真度指标。输出波形为正弦波的 UPS 电源系统，其失真度一般为 2%~3% 左右。

输出功率：输出功率，也称为视在功率，是 UPS 电源系统的额定输出电压和额定输出电流的乘积，一般用 VA 表示。UPS 输出功率包含两个部分：一个是在功功率，另一个是无功功率。一般在进行 UPS 电源系统的设计时，输出功率要考虑留一定冗余，不能使 UPS 电源系统满负荷运行。

过载能力表征 UPS 电源系统逆变器能够承受输出过载电流的能力。通常情况下，用过载 125% 时 UPS 电源系统能承受过载的时间及过载 150% 时 UPS 电源系统能承受过载的时间表征 UPS 电源系统的过载能力。

标称功率表征 UPS 电源系统生产厂家对外标称的功率。

后备时间表征交流市电断电后 UPS 电源系统还能保证后端设备负载继续正常工作的时间，是 UPS 电源系统设计中的关键指标。一般设计时，小型 UPS 电源系统满载时的后备时间为 15~30min。

工作噪音：工作噪音表征 UPS 电源系统正常工作时的噪音。具体的计算方法是指在市电输入正常，负载为线性满载，而且逆变器正常工作时，以 UPS 电源系统为中心，在半径为 1m，高度为 1.3m 的位置所检测出的噪音分贝数。

3.3.4.3 UPS 电源系统基本组成

UPS 电源系统的基本组成主要包括静态旁路输入开关、市电输入开关、静态开关、手动旁路、电压匹配变压器、蓄电池断路器、蓄电池、输入配电柜、调制解调器接口、整流器 / 充电器、通讯接口板、保护开关、旁路输入隔离变压器、逆变器输出开关、逆变器、滤波器和输出配电柜和保护开关等，示意图如图 3.1。

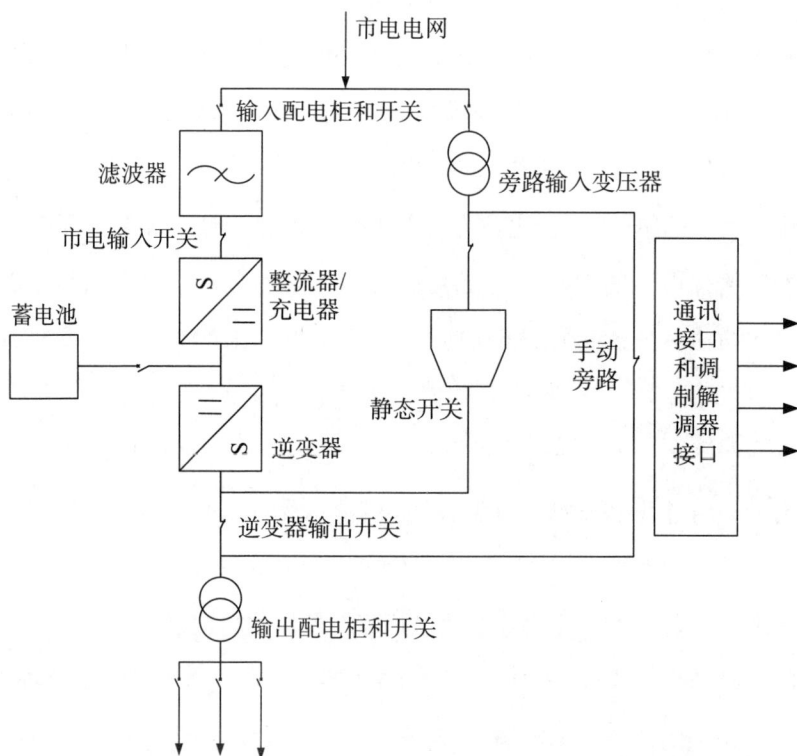

图 3.1 UPS 电源系统的组成示意图

1. 静态旁路输入开关

静态旁路输入开关是指旁路电源到旁路输电线路的输入控制开关。

2. 市电输入开关

市电输入开关是把市电输入到 UPS 电源系统整流器 / 充电器的控制开关，开关一端连接市电，一端连接到 UPS 电源系统。

3. 输入配电柜和保护开关

输入配电柜和保护开关主要是在 UPS 电源系统的输入端安装市电输入配电柜和断路器，以保护正常市电交流输入和旁路交流输入的电源。

4. 静态开关

静态开关主要用于当 UPS 电源系统内部故障、负载超过逆变器设计容量等情况时，将数据中心设备负载从逆变器切换到旁路供电的电子元器件开关。静态开关能够实现对后端设备负载的不中断供电。

5. 手动维修旁路开关

手动维修旁路开关主要是对 UPS 电源系统进行维修时使用，当 UPS 电源系统发生故障后，闭合手动维修旁路开关，负载能够直接由市电进行供电，确保后端设备负载供电不中断。

6. 整流器 / 充电器

整流器 / 充电器是 UPS 电源系统的关键部件之一，是将市电电源的交流电转换成直流电的变换器。主要作用是为 UPS 电源系统的逆变器提供电源，并对蓄电池进行充电和浮充电。

7. 电压匹配变压器

电压匹配变压器的本质是一个变压器，主要作用是将通过逆变器或者旁路输出的电源电压调整到负载端设备需要的电压值。

8. 逆变器输出开关

逆变器输出开关是电能从逆变器输出到后端负载设备的输出控制开关。

9. 蓄电池断路器

蓄电池断路器主要是为蓄电池提供过放电保护。当蓄电池发生短路时，确保保护整流器 / 充电器和逆变器等重要部件免受蓄电池短路的影响。

10. 通讯接口板

通讯接口板的主要作用是为控制管理模块提供接口，实现利用控制管理模块系统对 UPS 电源系统运行状态指标进行统一监控管理的目的。

11. 调制解调器接口

调制解调器接口主要作用是为远程服务提供接口。

12. 逆变器

逆变器是 UPS 电源系统的关键部件之一，是将直流电压转换成满足后端设备负载要求的交流电压的转换器。在市电正常工作时，直流电压来自 UPS 电源系统的整流器；当市电故障或者断电时，直流电压来自蓄电池。

13. 旁路输入隔离变压器

旁路输入隔离变压器的主要作用是由旁路电源进行供电时，为负载端设备提供输入 / 输出的电气隔离作用。

14. 蓄电池

蓄电池是当市电发生停电、故障或者指标超出 UPS 电源系统设计允许的容限范围时，为 UPS 电源系统能够继续运行提供电能储备的装置，也是 UPS 电源系统为后端设备负载提供电力的主要储电装置。

15. 滤波器

滤波器安装在市电电源的输出端，也就是 UPS 电源系统的输入端，主要作用是为了消除电力电网中的谐波电流。

16. 输出配电柜和保护开关

输出配电柜和保护开关是指在 UPS 电源系统输出端安装的配电柜和断

路器，作用是保护不同的交流输出线路。

在上述 UPS 电源系统的基本组成中，一般来说，电压匹配变压器、输入配电柜和保护开关、滤波器、旁路输入隔离变压器、输出配电柜和保护开关是 UPS 的选配组件，可以根据实际情况选择设计、安装。

3.3.4.4　UPS 电源系统的基本运行方式

UPS 电源系统的基本运行方式包括正常运行方式、蓄电池后备运行方式、恢复充电运行方式、旁路运行方式和维修运行方式等。

1. 正常运行方式

正常运行方式是指提供给后端设备负载的所有电力都是经过 UPS 电源系统整流 / 充电和逆变的转换（即 AC–DC–AC），蓄电池始终处于浮充电或者满充电的状态。

2. 蓄电池后备运行方式

蓄电池不间断地提供电能，保障后端设备负载正常运行，直到蓄电池放电时间终止或者市电恢复正常，UPS 电源系统回到正常运行方式。引起蓄电池后备运行的主要原因是市电停电中断或者交流输入电压超出 UPS 电源系统设计允许的范围等。

3. 恢复充电运行方式

当市电恢复正常，提供给后端设备负载的所有电力都是经过整流 / 充电和逆变的转换（即 AC–DC–AC），同时整流器 / 充电器开始为蓄电池进行恢复性充电的过程。

4. 旁路运行方式

当逆变器停止工作时，后端设备负载可以不间断地切换到旁路交流输入线路的运行方式。引起 UPS 电源系统旁路运行的原因主要有 UPS 故障、逆变器故障和电压电流尖峰等。

5. 维修运行方式

当 UPS 电源系统需要维护或者维修时，通过手动的方式将后端设备负载不间断地切换到维修旁路，从而将 UPS 电源系统进行内部隔离，在确保后端设备负载正常运行的情况下对 UPS 电源系统进行维护或维修。

3.3.4.5 UPS 电源系统的分类

从 20 世纪第一台 UPS 电源系统诞生至今，现在的 UPS 电源系统，品牌、规格多种多样，分类方式也多种多样。考虑角度不同，分类也不同。

1. 按逆变器工作频率分类

按逆变器的工作频率，UPS 电源系统可以分为工频机 UPS 电源系统和高频机 UPS 电源系统。

（1）工频机 UPS 电源系统

工频机 UPS 电源系统是指整流器和变压器工作频率均为工频 50Hz 的 UPS 电源系统，是根据传统的模拟电路原理设计的，主要包括晶闸管整流器、逆变器、旁路和工频升压隔离变压器等构件。

（2）高频机 UPS 电源系统

高频机 UPS 电源系统是指整流器开关频率通常在几千赫到几十千赫，甚至高达上百千赫的 UPS 电源系统。通常包括高频整流器、电池变换器、逆变器和旁路等。

2. 按输入输出的相数分类

按输入输出的相数分类，UPS 电源系统可分为单进单出 UPS 电源系统、三进单出 UPS 电源系统和三进三出 UPS 电源系统。

（1）单进单出 UPS 电源系统

单进单出 UPS 电源系统是指单相输入单相输出的 UPS 电源系统。其输入和输出电压都是 220 伏系统。

（2）三进单出 UPS 电源系统

三进单出 UPS 是指三相输入单相输出的 UPS 电源系统。其输入是 380 伏，输出是 220 伏。

（3）三进三出 UPS 电源系统

三进三出 UPS 电源系统是指三相输入三相输出的 UPS 电源系统。其输入和输出电压都是 380 伏。

3. 按输出波形分类

按输出波形，UPS 电源系统可分为方波 UPS 电源系统和正弦波 UPS 电源系统。

（1）方波 UPS 电源系统

输出波形为方波 UPS 电源系统是指 UPS 电源系统输出的电力波形为方波。方波波形从最高点突然跌到最低点又到最高点，能量损失巨大。如果 UPS 电源系统的容量较大，这种损失可能会对设备本身造成影响，导致设备本身发生故障，通常只适合小功率的 UPS 电源系统。所以如果 UPS 电源系统的功率要求大，就不适合采用方波 UPS 电源系统。

（2）正弦波 UPS 电源系统

输出的电力波形为正弦波的 UPS 电源系统称为正弦波 UPS 电源系统。正弦波的波形和电网市电或者发电机发电的波形是一致的，甚至比电网市电的波形还完美。正弦波 UPS 电源系统一般适合大功率 UPS 电源系统的设计，不适合小功率 UPS 电源系统。

4. 按功率分类

按照功率的大小，UPS 电源系统可以分为小功率 UPS 电源系统、中功率 UPS 电源系统和大功率 UPS 电源系统。

（1）小功率 UPS 电源系统

通常情况下，小功率 UPS 系统一般指功率小于 10kVA 的 UPS 电源系统。

（2）中功率 UPS 电源系统

通常情况下，中功率 UPS 电源系统是指功率在 10kVA 到 100kVA 之间的 UPS 电源系统。

（3）大功率 UPS 电源系统

通常情况下，大功率 UPS 一般指功率大于 100kVA 的 UPS 电源系统。

当然，大中小功率 UPS 电源系统之间的界限不是永远不变的。随着科技的进步，数据中心电子信息设备越来越多，对 UPS 电源系统容量的要求越来越大。大中小功率 UPS 电源系统之间的界限也会越来越大。如何界定 UPS 电源系统不重要，重要的是要根据数据中心实际负载设计 UPS 电源系统的功率大小。

5. 按组成原理分类

UPS 电源系统根据组成原理，可以分为静态式 UPS 电源系统和动态式 UPS 电源系统。

（1）静态式 UPS 电源系统

静态式 UPS 电源系统根据供电方式可分为在线式、后备式及线上交互式三类。静态式 UPS 电源系统在运行中，除了冷却风扇之外，所用到的各种电子元件及电气部件均无机械运动。这两种 UPS 电源系统的结构大致相同，储能装置都是蓄电池，主体结构主要包括整流 / 充电器、蓄电池、逆变器和转换开关四个部分。

（2）动态式 UPS 电源系统

动态式 UPS 电源系统也叫飞轮式 UPS 电源系统，是依靠旋转部件释放机械动能来实现不间断供电的。

飞轮储能系统是一种电能和机械能转换的储能设备，它突破了电池的化学局限性，通过物理方式实现储能和发电的物理过程，在电能与高速运转飞轮的机械能之间进行相互的转换和储存，并通过调频、整流和恒压等过程为后端设施负载进行供电。整个转化过程分为储能过程和发电过程。储能时，电能通过电力转换器变换后驱动电机运转，电机带动飞轮转动，飞轮以动能的形式把能量储存起来，从而完成电能到机械能转换的能量储存过程，能量储存在高速旋转的飞轮中。储能完毕后，飞轮维持恒定转速。当市电发生故障后，UPS 电源系统会控制飞轮转动，高速旋转的飞轮会对电机进行驱动，从而发电，产生的电能通过电力转换器输出后端设备负载需要的电压和电流，从而完成机械能到电能转换的释放过程。在发电过程中，飞轮的转速会逐渐变慢，直到飞轮停止转动或者市电电网重新恢复正常供电。

相比静态 UPS 电源系统，飞轮 UPS 电源系统的优点有整机效率高、故障率低、使用寿命长、绿色环保、维护成本低等，缺点是提供的持续供电时间较短。与国外技术较成熟的飞轮 UPS 电源系统相比，国内飞轮 UPS 电源系统的技术还未完全成熟。虽然国内现在飞轮 UPS 电源系统实际落地的案例没有静态 UPS 电源系统的案例多，但是国家相关职能部门已经正式将其纳入了数据中心的相关建设标准规范中。越来越多的专家、学者也越来越重视飞轮 UPS 电源系统技术的研究和应用。相信在不久的将来，飞轮式 UPS 电源系统的应用会越来越多，能更好地为碳达峰和碳中和政策服务。

6. 按工作原理分类

根据工作原理，UPS 电源系统可以分为在线式 UPS 电源系统、后备式 UPS 电源系统和在线互动式 UPS 电源系统三种。

（1）在线式 UPS 电源系统

在线式 UPS 电源系统，也称为双变换式 UPS 系统。国家标准《不间断电源设备》（GB 7260.3–2016）中给出的定义为："在正常运行方式下，由整流器/逆变器组合连续地向负载供电。当交流输入供电超出了 UPS 电源系统预定允差，UPS 电源系统单元转入储能供电运行方式，由蓄电池 / 逆变器组合，在储能供电时间内，或者在交流输入电源恢复到 UPS 电源系统设计的允差之前（按两者之较短时间），连续向负载供电"。通俗的说，无论市电电网的电压正常与否，在线式 UPS 电源系统的逆变器一直都处于工作状态，后端设备负载所用的交流电压都要经过 UPS 电源系统的逆变电路。所以，当市电电网突然断电、停电或者发生故障时，UPS 电源系统能够通过逆变器，立即将蓄电池里的直流电转变为交流电，对后端设备负载进行供电，确保后端设备负载供电的不间断。线式 UPS 电源系统的示意图如图 3.2。

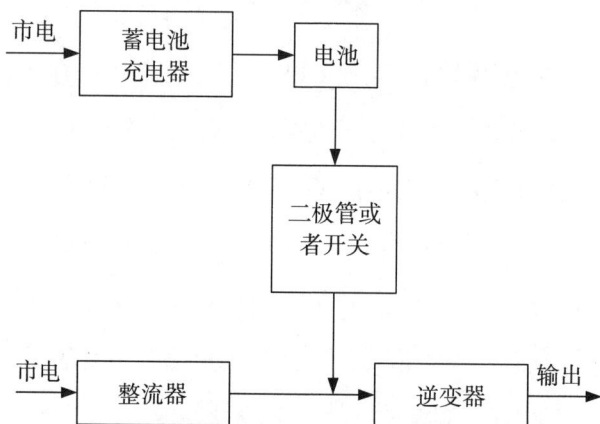

图 3.2　在线式 UPS 电源系统示意图

（2）后备式 UPS 电源系统

国家标准《不间断电源设备》（GB 7260.3-2016）中对后备式 UPS 电源系统给出了相应的描述。正常运行时，后端设备负载由交流输入电源的主电源经由 UPS 电源系统开关供电的 UPS 电源系统。

在蓄电池供电时间内，或者交流电源恢复到 UPS 电源系统预定允差之内，由蓄电池 / 逆变器组合来保持设备负载供电的不间断。当输入交流电超出 UPS 电源系统的预定允差时，并使设备负载直接或者通过 UPS 电源系统开关转移到逆变器，转入 UPS 电源系统储能供电运行。示意图见图 3.3。

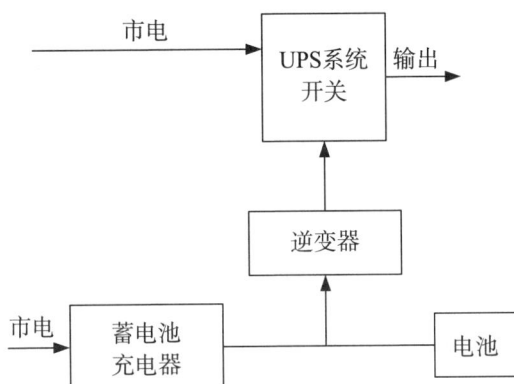

图 3.3　后备式 UPS 电源系统示意图

后备式 UPS 电源系统的主要优点是体积小、电能转换效率高、价格适中、运行费用低。UPS 电源系统正常运行情况下，逆变器处于非工作状态，市电电网直接为后端负载设备供电。但是后备式 UPS 电源系统缺少静态开关，缺点主要有设备负载转换到逆变器供电所需时间长，输出电压、输出频率不能调整等。

（3）在线互动式 UPS 电源系统

国家标准《不间断电源设备》（GB 7260.3–2016）中同样对在线互动式 UPS 电源系统进行了相应的描述。正常运行时，由合适的电源（市电电网或者其他电源）通过并联的交流输入和 UPS 电源系统逆变器向后端负载设备供电。逆变器或者电源接口的操作是为了调节输出电压和 / 或给蓄电池充电。输出功率取决于交流输入频率。

当市电交流输入的供电电压超出 UPS 电源系统预定允差时，逆变器和蓄电池将在储能供电运行方式下保持对设备负载供电的不间断。

通俗地讲，在线互动式 UPS 电源系统是指市电电网输入正常时，UPS 电源系统的逆变器处于整流工作状态，给蓄电池充电。当市电电网故障或者断电时，逆变器立即转为逆变工作状态，将蓄电池系统的储存电能转换为交流电，为后端设备负载供电。在线互动式 UPS 电源系统的示意图如图 3.4。

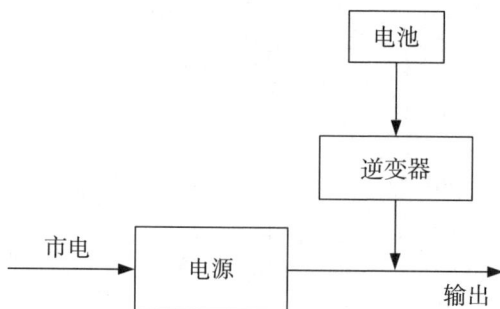

图 3.4　在线互动式 UPS 电源系统示意图

3.3.4.7　传统 UPS 电源系统和模块化 UPS 电源系统

UPS 电源系统一般由 UPS 电源系统主机和电池系统两大部分组成。主机内包含整流器 / 充电器、逆变器、静态开关等主要组成部件。额定输出功率的大小主要取决于 UPS 电源系统主机。实际设计所需 UPS 电源系统主机的功率，要根据后端设备负载的总功率进行计算。通常后端设备负载功率应满足 UPS 电源系统 70%~80%，甚至更高的额定功率。蓄电池容量主要根据用户实际需求和不同等级数据中心对后备时间的要求计算。

传统 UPS 电源系统是立式（塔式）结构的，设计功率时，主机必须一次性设计、建设安装完毕，不能随着后端电子信息设备负载的建设进度同步建设安装。传统 UPS 电源系统的缺点是不利于投资成本控制，容易造成建设成本浪费，而且系统主机体积、重量较大、效率较低，单台 UPS 电源系统容易出现单点故障。故障发生之后，UPS 电源系统修复时间较长，技术难度较大。

与传统 UPS 电源系统的结构不同，模块化 UPS 电源系统是机架式结构，被认为是 UPS 电源系统发展的趋势。模块化 UPS 电源系统分为功率模块化 UPS 电源系统和完全模块化 UPS 电源系统。目前市面上应用较多的仍然是功率模块化 UPS 电源系统。

（1）功率模块化 UPS 电源系统

功率模块化 UPS 电源系统由机架和功率模块等组成，功率模块中包括传统 UPS 的整流、滤波、充电、逆变器等部分。各功率模块并联运行并实现独立控制，机柜上部的显示控制模块仅作为用户开关 UPS 电源系统主机和进行网络化的监控平台。

（2）完全模块化 UPS 电源系统

完全模块化 UPS 电源系统由机架和单体模块构成，每个单体模块内都装有整个 UPS 电源系统电源与控制电路，包括整流器、逆变器、静态旁路开关及附属配套的控制电路、CPU 主控板等。每个 UPS 模块均有独立的管理系统，由独立的管理系统进行控制。

与传统的 UPS 电源系统相比，模块化 UPS 电源系统的优势主要包括以下几点：

第一，模块化 UPS 电源系统体积和重量都较小，能将所有模块安装在机架内，能够节省占地面积和空间，而且便于安装使用和后期维护。

第二，模块式 UPS 电源系统在设计时，要按照近、中、远期需求统一规划设计，确保 UPS 的设计功率容量和电子信息设备负载需求保持在一个合适比例。一般按照分期建设扩容，既能确保近期需求，又能够满足远期规划需求。

第三，模块化 UPS 电源系统主机中的所有模块并联冗余，各模块之间不分主次、互不依赖，平均负担后端设备负载的功率，并且支持热插拔功能。任何模块发生故障，其它冗余模块都能充分发挥效用，确保 UPS 电源系统能为后端负载设备提供不间断电源。设计时要根据总功率容量和单个模块功率，设计至少超过一次容错率的冗余模块。

实际设计中，如果整个数据中心一次性建设完毕，后端电子信息设备负载能够一次性安装完毕，后期不进行扩容，则用户可以根据预算、场地空间、技术维护能力等因素进行综合考虑。一般设计时需要考虑近、远期需求，分期、分步进行规划设计和建设。

3.3.4.8 冗余方式供电 UPS 电源系统

无论哪种等级数据中心的设计，考虑到数据中心的安全、稳定、可靠运行，设计 UPS 电源系统时，无论是 2N 配置，还是 2N+1 配置，都要采用冗余方式供电，很少采用单机供电。冗余式方式供电常用的包括以下几种方式：

1. 热备份式冗余 UPS 电源系统供电方式

热备份式冗余 UPS 电源系统供电方式是指 UPS 主机后端带设备负载，备机保持空载或承载非重要设备负载，而且要求 UPS 电源系统备机接入 UPS 主机的旁路输入端。这种供电方式的优点是配置比较灵活，主备机两台 UPS 电源系统可以不同品牌、不同型号，而且不需要额外铺设电源线路，不需要额外增加购置成本。主 UPS 电源系统主机如果发生了故障，那么 UPS 备机必须接替全部后端负载。也就是说设计 UPS 电源系统时，必须考虑 UPS 主机发生故障时，UPS 备机所能够承担的后端设备总负载大小。

2. 直接并机冗余 UPS 电源系统供电方式

直接并机冗余 UPS 电源系统供电方式是表征将多台具有相同额定输出功率的 UPS 电源系统直接并联使用，可以克服热备份式冗余供电 UPS 电源系统的缺点。优点是多台 UPS 系统能够自动平均分配所承载功率，瞬间的过载能力比较强。多台 UPS 电源系统互为主备关系，能够提高供电的可靠性和稳定性，而且电源系统扩容方便。缺点是 UPS 系统存在环流，增加了无功损耗，成本高、故障点多。如果按照这种供电方式进行设计，则每台 UPS 电源系统需要按照 50% 带载能力进行设计。并联的主机数量越多越多，单台主机的带载能力就越低。

3. 双总线冗余供电方式

双总线冗余供电方式是采用两条总线对后端设备进行供电，每条总线上都具有相同的一套 UPS 电源系统。此种供电方式的优点是能够在线扩容、在线升级、在线维护，能够消除可能出现在 UPS 电源系统输出端与后端负载设备之间的"单点瓶颈"故障隐患，提高输出电源供电系统的"容错"能力，也满足了负载端双电源用电设备的需求，真正实现了 $7 \times 24 \times 365$ 不间断运行的目标。但是双总线冗余供电方式相当于建设了两套单机 UPS 电源系统，需要两倍以上的建设成本。对于只有单电源模块的后端负载设备，为了满足单电源模块设备的供电需求，只需在 UPS 电源系统的输出端安装 STS（静态转换开关）。通过 STS 的自动切换，确保后端负载设备的不断电运行。

3.3.4.8　UPS 电源系统容量的计算

能够准确计算 UPS 电源系统所需容量是 UPS 电源系统配置中的关键问题之一。

在设计过程中，通常采用简化公式计算 UPS 电源系统的容量。一般需要知道 UPS 电源系统承载后端设备负载的总负荷大小，然后根据总负荷计算得到 UPS 电源系统的设计容量。

UPS 电源系统的设计容量计算公式为：

$$Ty = Hy/xy,$$

其中，Ty 表示 UPS 电源系统的设计容量，Hy 表示 UPS 电源系统承载后端设备负载的总负荷，xy 表示 UPS 电源系统的功率因数。

3.3.5　蓄电池系统

蓄电池系统是 UPS 电源系统中的一个重要组成部分，主要包括蓄电池和相关的配套附属配件等，它的好坏将直接关系着整个 UPS 电源系统的稳定性、可用性和可靠性。

3.3.5.1　蓄电池

蓄电池是整个蓄电池系统中最稳定的一个器件，是平均无故障时间最短的一个器件。是储存电能的化学装置。常见的 UPS 电源系统蓄电池可以分为铅酸蓄电池、胶体蓄电池、全钒液流电池、磷酸铁锂电池等。随着"碳中和"目标的确定及世界能源格局的变化，新能源电池越来越受到各界专家学者和企业的重视。据不完全统计，仅国内研发新能源电池（例如氢电池）的厂家就有近十家。

1. 铅酸蓄电池

铅酸蓄电池主要由正负极板组、电解液、容器和隔板等部件组成。极板包括正极极板和负极极板，一般由纯铅制成。隔板位于正、负极板之间，隔板上有细小的孔洞，既能保证电解液的通过，又能阻隔正、负极板之间的接触，控制电解液的反应速度，保护电池。常用的隔板材料有木质、橡胶、微孔橡胶、微孔塑料和玻璃等。容器要求坚固耐用、耐酸、耐热、耐震，确保电解液的安全，主要用于盛放电解液、极板和隔板，常用的材料有玻璃、硬橡胶和塑料等。电解液是用蒸馏水稀释高纯浓硫酸制成的。铅酸蓄电池一般分为免维护铅酸蓄电池和开放式液体铅酸蓄电池。开放式液体铅酸蓄电池需要定期测量比重，加水加酸。电解时会产生腐蚀性气体。安装开放式液体铅酸蓄电池时，必须安装于通风、禁烟的环境中，并远离精密电子设备。设计时，地面须设计铺设防腐蚀地面。免维护铅酸蓄电池是目前最常用的铅酸蓄电池，免维护铅酸蓄电池也叫阀控式铅酸免维护蓄电池，优点是使用时不需要加水加酸，密封性能好，体积较小，而且性价比较高。充电时，正极板的二氧化铅、负极板的海绵状铅和电解液中的硫酸之间发生化学反应，生成硫酸铅，同时电解液中的硫酸浓度会降低。放电时，硫酸铅通过氧化还原反应分别恢复成二氧化铅和海绵状铅，同时电解液中的硫酸浓度会增大。

铅酸蓄电池的充放电过程如图 3.5。

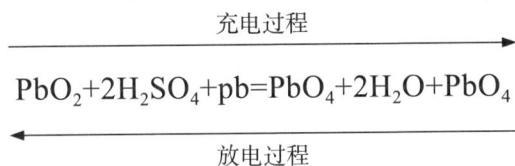

充电过程

$$PbO_2+2H_2SO_4+pb=PbO_4+2H_2O+PbO_4$$

放电过程

图 3.5　铅酸蓄电池充放电过程

铅酸蓄电池放电过程中的化学反应：蓄电池连接外部电路放电时，电解液中的硫酸会与阴、阳极板上的活性物质发生化学反应，生成硫酸铅。经过放电，硫酸会从电解液中析出。放电越久，电解液中硫酸的浓度就越低。

铅酸蓄电池充电过程中的化学反应：阳、阴极板上产生的硫酸铅通过氧化还原反应分别恢复成二氧化铅、铅和过氧化氢，电解液中的硫酸浓度随之会增大。

从数据中心的预算投资、技术维护能力、场地空间等角度综合考虑，目前阀控式铅酸免维护蓄电池的应用是最多的。但是铅酸蓄电池存在体积能量密度低、占地面积大、重量大、连接点多、环境耐受性差、寿命短、有毒气体析出等诸多缺点。

2. 胶体蓄电池

胶体蓄电池之所以称为胶体蓄电池，是因为其用胶体电解液替代了硫酸电解液。作为 UPS 电源系统蓄电池另一种常用的电池种类，其是对普通铅酸蓄电池的改进。与普通铅酸蓄电池相比，胶体蓄电池的优点主要体现在安全性、可靠性、蓄电量、稳定性、放电性能、对环境温度的适应能力、使用寿命、承受长时间放电能力、循环放电能力、深度放电及大电流放电能力等方面。

3. 全钒液流电池

全钒液流电池是一种氧化还原电池，是以钒为活性物质呈循环流动液态的。与铅酸蓄电池和锂电池相比，全钒液流电池的安全性更好、使用寿命更长、性价比更高、充放电性能更稳定。

4. 锂电池

目前锂电池常见的有磷酸铁锂电池、三元聚合物锂电池等。磷酸铁锂电池是指使用磷酸铁锂作为正极材料，碳作为负极材料的锂离子电池。三元聚合物锂电池，是指正极材料使用镍钴锰酸锂或者镍钴铝酸锂的三元正极材料的锂电池，锂离子电池的优点包括蓄电池体积更小、重量更轻、使用寿命更长、占地面积更小、耐高温性更强、维护效率更高、性能稳定性更好、环保性更高。

磷酸铁锂电池与传统的铅酸蓄电池相比，具有的优点较多，具体包括的优点有：

能量密度更高，相比普通铅酸蓄电池，锂电池能量密度更高。

安全性更强，磷酸铁锂正极材料具有良好的电化学性能。在整个充、放电过程中，正极材料结构更稳定，不爆炸、不燃烧，安全稳定性更好。

高温性能更好，磷酸铁锂电池的耐高温性能更好。

循环寿命更长，磷酸铁锂电池的充放电循环次数更多，寿命更长。

环保性更高，磷酸铁锂电池的整个生产过程中清洁无毒，不产生污染物，环保性更高。

目前磷酸铁锂电池常见的产品形式主要分 12V 和 48V 两种，容量等级一般包括 10A、20A、50A、150A 和 200A 等。锂电池模组通过串、并联，可组成不同的电压等级、各种容量的电池组，满足不同数据中心的设计使用需求。据不完全统计，国内锂电池在不间断供电和化学储能电池的占比约10% 左右。在欧美部分发达国家和地区已经开始较大规模应用于数据中心。2014 年，锂电池的成本是铅酸蓄电池的 4~5 倍。2017 年，锂电池的成本是铅酸蓄电池的 3~4 倍，2022 年左右，锂电池的成本是铅酸蓄电池的 1.3~2 倍。

国内锂电池安装时的成本较高，但是使用寿命长，所以全生命周期内其年均使用成本已经低于传统的铅酸蓄电池。随着技术进步和产能的提升，解决了热失控和成本过高等问题，国内锂离子电池在数据中心中的应用会越来越普及。

3.3.5.2　蓄电池配置

准确计算 UPS 电池容量是 UPS 配置中的主要难度之一。

行业中有不少计算 UPS 电池容量的方法，包括恒功率法和恒电流法。

1. 恒功率法

恒功率选型法是指根据恒定的放电功率进行设计的方法。设计时通常需要知道 UPS 电源系统容量 R、系统电压 U、工作时间 T、总功率需求 W、UPS 电池的相关参数（系统的功率因数 c、逆变效率 b、单体电池的电压 k）、系统低压报警电压 Q 和终止电压 u 等参数。主要包括六个计算步骤：

（1）计算电池系统承载所有负载的总功率需求，计算公式为：

$$W=R*（c/b）。$$

（2）通过公式 n=U/k 计算每组电池的只数，记为 n。

（3）通过公式 m=n*6 计算电池的单格数量，记为 m。

（4）计算每单格电池的终止电压 j，计算公式为：

$$J=u/m。$$

（5）通过公式 g=Q/m 计算每单体电池的功率需求 g。

（6）根据计算得到的单体电池恒功率需求和终止电压，通过查阅电池相关生产厂家的产品规格说明书，得到满足设计要求的电池规格和型号。

2. 恒电流法

恒电流法是指根据电池系统的容量和电流大小进行设计的方法。一般需要知道额定电压 U、工作电流 I、工作时间 T、单体电池电压 k、平均工作电流、终止电压 u 和系统报警电压 E 等参数。具体计算包括四个步骤：

（1）计算每组电池的只数 n，计算公式为：

$$n=U/k。$$

（2）通过公式 m=n*6 计算电池的单格数量，记为 m。

（3）计算每单格电池的终止电压 u，计算公式为：

$$u=E/m。$$

（4）根据平均工作电流和终止电压，通过查阅相关电池厂家的产品规格说明书，得到满足设计要求的电池规格和型号。

在市电停电后，UPS 电源系统会对设备负载进行供电，因为负载功率是恒定的，也就是说电池需要为后端设备负载的正常运行提供恒定的功率。UPS 电源系统运行，蓄电池放电时，电池组的电压会不断地降低，而电池组又必须为后端负载提供恒定的功率，所以会导致电池的放电电流会随着电池的电压降低而不断的升高。在 UPS 电源系统电池配置的实际应用中，恒功率法比恒电流法更准确。

3.3.6　高压直流供电系统

在数据中心节能减排的研究上，各种新技术层出不穷，其中，高压直流供电技术是业内热议的技术之一。传统的 UPS 是由整流器进行 AC/DC 整流，电池组挂载在中间，逆变器进行 DC/AC 转换，从而完成整个供电环节的。高压直流技术集中了 UPS 电源系统供电系统和直流供电系统的优点为一体。其少了一个 DC/AC 转换的环节，拓扑变得简单，从而可靠性更高。从安全性、经济性视角考虑，UPS 电源系统供电模式存在能耗高、结构复杂、可靠性低、维护和扩容难度大等弊病。随着 UPS 电源系统供电弊端越来越明显，具有结构简单、可靠性高、操作维护方便、安全节能等优点的高压直流供电系统也受到越来越多公司，尤其是通信运营商的重视和青睐。

2009 年前后，中国电信主导推出了 240V 高压直流供电标准，2012 年前后，中国移动推出 336V 高压直流供电标准。336V 直流供电标准在具备 240V 系统的优点的同时，具有更高的转化效率，更有利于节能减排工作。

高压直流供电系统主要由市电输入、高频开关整流器、配电屏和蓄电池组等组成。从目前的技术来看，单纯采用高压直流技术并不能完全保证数据中心的高效节能，只有运用"市电 + 高压直流技术"混合使用、高压直流模块休眠等方法，才能保证数据中心的节能高效。

3.3.7　配电柜系统

数据中心电气系统的配电柜主要包括市电动力配电柜、柴油发电机动力配电柜、UPS 输入配电柜、UPS 输出配电柜、ATSE 配电柜、精密列头柜和其它动力配电柜等。

1. 市电动力配电柜

市电动力配电柜是指在数据中心中，用于市电电网供电的输入输出配电柜，主要部署在 UPS 电源系统的输入端，作用是实现电能的分配转换，防护人身可能的直接和间接接触的电击危险，保护设备免受外界环境的影响。

2. 柴油发电机动力配电柜

柴油发电机动力配电柜是指数据中心中，用于后备柴油发电机供电的输入输出配电柜，主要部署柴油发电机系统的输入输出端。

3. UPS 电源系统输入配电柜

UPS 输入配电柜是位于数据中心的 UPS 输入端，应用于 UPS 主机输入端电能分配和控制之用的开关柜。主要包括 UPS 电源输入、UPS 电源防雷、UPS 维修旁路、输入显示等功能。

4. UPS 电源系统输出配电柜

UPS 输出配电柜是位于数据中心的 UPS 输出端，应用于 UPS 主机输出端电能分配和控制之用的开关柜。主要有 UPS 负载输出、UPS 电源防雷、工作状态显示等功能。

5. ATSE 配电柜

ATSE（Automatic Transfer Switching Equipment）配电柜的核心部件是 ATSE 开关，即自动转换开关电器，是一个将负载电路从一个电源自动换接至另一个（备用）电源的开关。ATSE 采用机械结构，转换时间为 100 毫秒以上，会造成后端负载设施设备的电源发生中断。

ATSE 分为 CB 级自动转换开关电器和 PC 级自动转换开关电器两个级别。

CB 级自动转换开关电器通常以断路器作为主要开关部件，主要由机械和电气联锁部件、驱动机构和控制器等部件组成。它既具有双电源切换的功能，又具有短路电流保护的功能，但是它的缺点是转换速度相对较慢。

PC 级自动转换开关电器根据结构的不同，可以分为派生型和专用型。它只能完成双电源切换的功能，不具有短路电流保护功能。

6. 精密列头柜

精密列头柜位于数据中心电力能源的末端，即电子信息设备机柜的输入端，是综合采集所有电力数据的智能配电柜。为电子信息设备电力监测提供高精度的测量数据，通过显示单元，实时反映电子信息设备质量数据，并能够通过精密列头柜通讯接口将数据上传至后台控制管理模块系统，以达到对整个配电系统的实时监控和运行质量的有效管理。精密列头柜的组成部分一般包括柜体、可控制元器件、采集模块显示屏和电源指示等功能元件。

3.4 数据中心照明系统

设计数据中心照明系统，首先要了解一下光照强度的概念。光照强度是指单位面积上所接受可见光的能量，简称照度 E，单位为勒克斯（记为 Lux

或 lx）。用于指示光照的强弱和物体表面积被照明程度的量。

照明系统包括正常照明系统和应急照明系统。正常照明系统是在常态情况下使用的室内外照明；应急照明系统是当正常照明系统因故熄灭的情况下，供人员暂时继续工作、保障人员安全或疏散用的照明。

3.4.1　正常照明系统

正常照明系统电源由数据中心内的市电供给。国家标准《数据中心设计规范》（GB 50174-2017）中规定，主数据中心和辅助区内一般照明的照度一般按照 300lx~500lx 进行设计。实际设计中，为了值守人员和运维人员操作的便利性，主数据中心照明的照度一般按照 500lx 进行设计。

灯具可以选用荧光灯，也可以选用 LED 平板灯。灯具不宜设计安装在机柜的正上方，而应安装在机柜的正前上方。

照明配电线路要求选用阻燃聚氯乙烯绝缘铜芯线，敷设在金属电线管内，末端要求穿金属软管保护。配电线路可以在吊顶内部明敷，也可以进行暗敷。

灯具通过墙面跷板开关控制开启。为了操作方便，操作大厅等部分重要区域内的照明回路可以采用多点控制方式。

3.4.2　应急照明配电系统

数据中心内必须设计应急照明系统，主出入口设计安全出口指示灯。数据中心主数据中心通道疏散照明的照度值不应低于 5lx，其他区域通道疏散照明的照度值不应低于 1lx。一种方案是应急照明灯电源由 UPS 电源供电，正常照明系统故障时自动切换至应急照明电源。另一种方案是采用带 15 分钟蓄电池的应急日光灯。

3.5 柴油发电机系统

柴油发电机是内燃发电机的一种，是柴油发动机与发电机的组合，以柴油为动力能源，其由柴油机、交流同步发电机、控制箱（屏）、联轴器和公共底座等部件组成。无论是 A 级还是 B 级数据中心，柴油发电机系统是数据中心设计中最常用的备用电源，其在数据中心中至关重要。

3.5.1 基本概念

国家标准《数据中心设计规范》（GB 50174–2017）对柴油发电机组功率的选择进行了阐释："在国家标准《往复式内燃机驱动的交流发电机组第一部分：用途、定额和性能》GB/T 2820.1 中将发电机组的输出功率分为四种：持续功率、基本功率、限时运行功率和应急备用功率。按 A 级标准建设的金融行业数据中心，发电机组的输出功率可按持续功率选择。综合考虑 B 级数据中心的负荷性质、市电的可靠性和投资的经济性，发电机组输出功率中的限时运行功率能够满足 B 级数据中心的使用要求。"

1. 持续功率（COP）

持续功率是指在商定的运行条件下并按制造规定的维修间隔和方法实施维护保养，发电机组每年运行时间不受限制地为恒定负载持续供电的最大功率。

2. 基本功率（PRP）

基本功率是指在商定的运行条件下并按制造商规定的维修间隔和方法实施维护保养，发电机组能每年运行时间不受限制地为可变负载持续供电的最大功率。

3. 限时运行功率（LTP）

限时运行功率是指在商定的运行条件下并按制造商规定的维护间隔和方

法实施维护保养，发电机组每年供电达 500h 的最大功率。

4. 应急备用功率（ESP）

应急备用功率是指在商定的运行条件下并按制造商规定的维修间隔和方法实施维护保养，当公共电网出现故障或在试验条件下，发电机组每年运行达 200h 的某一可变功率系列中的最大功率。

3.5.2　柴油发电机的工作原理和特点

柴油机通过蓄电池启动电动机，驱动柴油机的曲轴，带动活塞在顶部密闭的气缸中进行往复来回运动。活塞的运动要完成进气、压缩、燃烧和排气四个过程。经活塞的若干工作循环后，飞轮逐渐加速，柴油机逐渐进入工作状态。转子由柴油机驱动轴向切割磁力线，定子中交替排列的磁极在线圈铁芯中形成交替的磁场，转子旋转一圈，磁通的方向和大小变换多次，由于磁场的变换作用，在线圈中将产生大小和方向都变化的感应电流并由定子线圈输送出电流。

柴油发电机具有以下几个主要特点：

（1）燃料价格相对便宜，且容易保存；

（2）构造简单，辅助设备少，操作维护简单、方便；

（3）起动比较迅速，带负荷和停机动作时间较短。

3.5.3　设计标准规范

GB 50174-2017《数据中心设计规范》

GB/T 2820.5-2009《往复式内燃机驱动的交流发电机组　第 5 部分：发电机组》

GB 12348-2008《工业企业厂界环境噪声排放标准》

GB 3096-2008《声环境质量标准》

3.5.4 数据中心对柴油发电机性能等级的要求

为了满足不同供电系统对电力的不同要求，《往复式柴油发电机驱动的交流发电机组》定义了四种性能等级，如表3.3所示。

表 3.3　柴油发电机的四种性能等级

性能等级	适用的发电机组用途	实　　例
G1 级	只需规定其基本的电压和频率参数的连续负载	一般用途（照明和其他简单的电气负载）
G2 级	其电压特性与公用电力系统非常类似。当负载发生变化时，可有暂时的然而是允许的电压和频率的偏差	照明系统
G3 级	连接的设备对发电机组的频率、电压和波形特性有严格的要求	电信负载和晶闸管控制的负载。整流器和晶闸管控制的负载对发电机电压波形的影响需要特殊考虑
G4 级	对发电机组的频率、电压和波形特性有特别严格要求的负载。	数据处理设备和计算机系统

从上表可以看到，对于数据中心，由于其负载大多是电子信息设备，对电力的要求较高，其所选用的柴油发电机组应该达到 G3 级或 G4 级规定的要求。

3.5.5 柴油发电机容量的选择

在以柴油发电机为备用电源的数据中心中，市电故障断电后，柴油发电机要能承担全部负载的用电需求。根据不同等级的数据中心，通常情况下，柴油发电机的容量应该包括 UPS 电源系统的基本容量、空调制冷系统的基本容量、应急照明及关系到生命安全等需求的全部负荷之和。

柴油发电机容量的选择要满足以下公式：

$$Pj/0.9 < P < Pj/0.7,$$

其中，P 表示柴油发电机容量，Pj 表示柴油发电机要承担的全部负载。

通常情况下，由于 UPS 电源系统损耗、UPS 电池充电，以及其他非 UPS 负荷供电需求的影响，数据中心的柴油发电机容量一般是 UPS 电源系统输出容量的 1.5~2 倍。

3.6　电力电缆、断路器的选择

电力电缆（Power Cable）用于传输和分配电能的电缆。断路器是指能够关合、承载和开断正常回路条件下的电流并能关合、在规定的时间内承载和开断异常回路条件下的电流的开关装置。断路器会在短路或者严重超载的情况下切断电路，从而有效的保护回路中的电器。数据中心所用断路器主要包括万能式、框架断路器、塑壳式断路器和微型断路器等。万能式断路器具有承受额定电压和额定电流高、结构多样、便于维修等众多特点，多做数据中心主开关使用。框架断路器（Air Circuit Breaker），简称 ACB，一般是模块化的设计，容量一般为 630A~6300A，其主要由主体部分和抽架部分组成。主体部分分为外壳、灭弧栅、主触头、机构、底盘和其他附件等，抽架部分为断路器连接母排的介质。框架式断路器主要用于低压进线端，数据中心中 630A 以上的电流回路中多采用框架式断路器。塑壳断路器（Moulded Case Circuit Breaker），简称 MCCB，容量多以 100A~1600A 为主，是把所有装置集中在一个塑料壳内，结构紧凑，承受的额定电压多在 600V 以下，承受的额定电流多在 600A 以下，短时耐受电流较小，多作为支路开关使用。微型断路器（Miniature Circuit Breaker）简称 MCB，容量多以 125A 以下为主，为模块化设计，主要由双金属片和磁线圈部件来实现过电流保护，安装与标准导轨上。电缆和断路器是数据中心设计中的重要部分，规格型号选择的合适与否，将关系到整个数据中心电气系统的安全。

断路器和电力电缆的计算公式较复杂，工程师在实际设计中，通常利用简化公式进行计算。为了安全起见，计算得到的断路器和电力电缆规格大小就高不就低，就大不就小。

1. 断路器规格大小的选择

断路器规格大小的计算公式为：

$$Sd=Ud*Qd,$$

其中，Sd 表示断路器允许通过的最大电流，也就是断路器的规格；Ud 表示通过断路器的设备的功率，单位为 kW；Qd 表示断路器配置系数，如果是三相电，通常情况下系数取 2，如果是二相电，通常情况下系数取 5。

2. 电力电缆的选择

电力电缆不同的线径，能够承载的最大电流也不同，电力电缆规格的计算公式为：

$$Yd=Ed/Rd,$$

其中，Yd 表示电力电缆的线径规格，单位为 mm^2，Ed 表示通过电缆的功率，Rd 表示电缆系数，取值范围为 2–2.5，通常情况下取 2.5。

3.7 设计案例

本节通过列举一个案例，让读者对 UPS 电源系统的设计过程有整体的认识和了解。

某企业单位的数据中心面积约 $600m^2$，层高为 4m，其中主数据中心面积约 $400m^2$，配电间、运营商接入间、电池间和柴油发电机房间等辅助支撑区域面积各 $50m^2$，共约 $200m^2$。根据企业对数据中心的设计要求，UPS 电源系统只负载设备机柜。

通过规划，采用冷通道机柜系统，共设计 8 套普通封闭式冷通道模块机柜，每套冷通道安装 18 台机柜，其中 1 台精密列头配电列、1 台网络列头柜、1 台光纤列头柜、3 台列间精密空调（2 主 1 备）、12 台普通设备机柜，每台设备机柜的设计功耗为 4kW。

1. 设备机柜总功耗的计算

96 台电子信息设备机柜的总功耗为 96×4=383kW。由于 UPS 电源系统只负载设备机柜，所以整个 UPS 电源系统承载的设备负载约为 383kW。

2. UPS 电源系统容量的计算

通过公式：UPS 电源系统容量 =383/0.8=478kVA，计算得到 UPS 电源系统的设计容量不能低于 478kVA，所以选用 500kVAUPS 电源系统。

3. 计算蓄电池配置

要求停电后 UPS 电源系统后备时间为 0.5 小时，单体蓄电池设计使用 12V 电池。选定某品牌 UPS，已知其系统功率因数为 0.95、逆变效率为 0.94，输出额定电压为 480V，系统低压报警值为 400V。选型计算过程如下：

（1）计算 UPS 电源系统的总功率需求：500×0.95÷0.94=503kW。

（2）计算每组蓄电池的只数及单格数量：480÷12=40 只。

（3）通过 3.3.5 公式计算得到蓄电池的单格数量为 40×6=240。

（4）计算单格蓄电池的终止电压：400÷240=1.67V。

（5）通过公式计算单格蓄电池的功率需求：503÷240=2095.83W。

（6）根据恒功率 2095.83W 和终止电压 1.67V，通过查阅蓄电池厂家产品功率表 3.4，当单格终止电压为 1.67V 时，其 0.5 小时率恒功率放电功率值为 466W，小于 2095.83W 的放电要求。所以，单组电池无法满足设计要求，需要设计配置多组电池，并联使用。如果电池组数的配置为 5 组，单组电池需要的电流为 2095.83W÷5=419.6W。查询相关电池生产厂家产品的规格说明书，可以发现该厂家蓄电池中，单格终止电压为 1.67V 时，0.5 小时恒功率放电功率值为 466W，能够满足设计要求。所以，设计每组电池组配置电池 40 只，5 组并联。

表 3.4　某型品牌蓄电池恒功率参数表

终止电压	5分钟	10分钟	15分钟	20分钟	25分钟	30分钟	45分钟	60分钟
1.6V	1353	1121	877	703	576	484	364	299
1.65V	1323	1200	864	679	547	473	356	275
1.67V	1311	1053	845	642	542	466	342	264
1.7V	1234	975	821	623	532	428	337	259
1.75V	1211	935	785	612	513	410	328	231

3.8　本章小结

电气系统是整个数据中心的基础系统工程，也是数据中心能否稳定、安全运行的重中之重，为数据中心内所有服务器、存储、交换机、安防、监控、照明等设施设备提供安全、可靠动力电源支持的系统。本章详细介绍了供配电柜、UPS 电源系统、电池系统、照明系统、柴油发电机系统和电力电缆等的设计和注意要点。

第4章

数据中心空调制冷系统

空调制冷系统是空气调节器的简称，也简称为空调，主要功能是维护数据中心对温度、湿度、气流和洁净度的要求，是数据中心的重要设备之一，提供制冷、加湿、除湿、送风、过滤等功能。其运行工作原理主要是从低于环境温度的空间或物体中吸收热量，并将其转移给周围环境，吸收的热量通过环境介质管路进行循环，并被转移到室外空间的过程。

4.1　设计标准规范

GB 50174–2017《数据中心设计规范》

GB 50736–2012《民用建筑供暖通风与空气调节设计规范》

GB 50019–2015《工业建筑供暖通风与空气调节设计规范》

T/CECS 487–2017《数据中心制冷与空调设计标准》

4.2　标准规范中的相关规定

国家标准规范《数据中心设计规范》（GB 50174–2017）中关于空调制冷

系统的主要规定有："主数据中心的空调参数与支持区和辅助区的空调参数不同，宜分别设置不同的空调系统。数据中心内设备的散热量，应以设备实际用电量为准。对主数据中心内的电子信息设备的用电量不能完全掌握时，可参考所选 UPS 电源的容量和冗余量来计算设备的散热量。空调系统的冷负荷主要是服务器等电子信息设备的散热。电子信息设备发热量大（耗电量中约 97% 都转化为热量），热密度高，夏天冷负荷大，因此数据中心的空调设计主要考虑夏季冷负荷。气流组织形式选用的原则是：有利于电子信息设备的散热、建筑条件能够满足设备安装要求。电子信息设备的冷却方式有风冷、水冷等，风冷有上部进风、下部进风、前进风后排风等。影响气流组织形式的因素还有建筑条件，包括层高、面积等。因此，气流组织形式应根据设备对空调系统的要求，结合建筑条件综合考虑。为减少机柜局部热点的发生，可以采用气流模拟软件对机柜及周围气流组织进行模拟试验，以事先发现问题，保证无局部热点。从节能的角度出发，机柜间采用封闭通道的气流组织方式，可以提高空调利用率。采用水平送风的行间制冷空调进行冷却，可以降低风阻。空调对于电子信息设备的安全运行至关重要，因此数据中心空调设备的选用原则首先是高可靠性，其次是运行费用低、高效节能、低噪声和低震动。如果要求数据中心专用空调机带有通信接口，通信协议满足数据中心监控系统要求的目的是为了便于空调设备与数据中心监控系统联网，实现集中管理。"

中小型数据中心的空调制冷系统使用最多的是风冷型空调系统。选用风冷机组，必须考虑室外机的安装位置及冗余，为了提高空调系统的运行可靠性及满足未来电子信息设备的扩充和增加，一般要求空调制冷系统制冷容量保持 15%~20% 的冗余。关于风冷型空调系统，对不同等级数据中心的空调制冷系统，国家标准规范中有不同的规定，详见表 4.1。

表 4.1　不同等级数据中心对空调制冷系统的主要规定

空调制冷系统	A 级	B 级	C 级	备 注
主数据中心和辅助区设置空气调节系统	应		宜	
不间断电源系统电池室设置空调降温系统	宜		可	
主数据中心保持正压	应		可	
数据中心专用空调	N+X 冗余（X=1~N）主数据中心中每个区域冗余 X 台	N+1 冗余 主数据中心中每个区域冗余一台	N	
采用不间断电源系统供电的设备	空调末端风机、控制系统	控制系统		

在确定数据中心等级要求的基础上，根据用户的需求、数据中心环境和制冷负荷，设计空调制冷系统的制冷方式、气流组织、摆放位置等。

4.3　数据中心环境对空调的要求

数据中心中主要的负载是服务器、交换机等电子信息设备，其发热量很大，整体热负荷很大，单位面积的热负荷远高于辅助区域和办公区域。由于电子信息设备一般不产生湿度，所以数据中心机柜内的湿负荷较小。较大的热负荷和较小的湿负荷对数据中心的空调制冷能力提出了较高的要求，就要求空调制冷系统能在较短时间内快速消除电子信息设备产生的热量。

为了提高运行效率，保证数据中心气流组织，提高空气的洁净度，数据中心空调制冷系统的风量要求较大。大风量的循环有利于数据中心的温度、湿度等指标的稳定调节，也能保证数据中心温度、湿度均衡，实现数据中心气流组织分布合理的目的，避免数据中心局部热点的产生。数据中心空调制冷系统一般比普通空调的风量大近两倍左右。

虽然数据中心的电子信息设备对周围环境不产生湿度的变化，但是数据中心的湿度必须保证在一个合理范围内，一般要求为 40%-50% 左右。

如果数据中心内的使用环境不良好，灰尘会落在主板电子元器件上，很容易引发电子信息设备电路板腐蚀、绝缘性能降低、散热不良等诸多问题，会对电子信息设备的正常工作产生严重影响。数据中心较为苛刻的使用环境就要求数据中心空调制冷系统除了拥有较高温、湿度处理能力之外，其空气过滤装置还要求具备优秀的除尘与空气净化功能。

由于数据中心内电子信息设备一般为不间断运行，就要求空调系统能够具备 365 天 × 24 小时不间断可靠运行的良好性能。即使是秋冬季，也需要提供相应的制冷能力，并能满足冷凝压力与寒冷低温运行环境的苛刻要求。

数据中心的空调制冷系统一般设计为多台，机组数量较多，所以必须进行科学、专业的维护与管理，这就要求空调机组具有较强的可监控和可管理功能。

国家标准中，不同等级数据中心对环境的要求基本相同，主要对温度、湿度、露点、温度变化率、空气粒子浓度等方面做了一些规定，具体要求见表 4.2。

表 4.2 不同等级数据中心对环境的要求

环境要求	A 级	B 级	C 级	备　　注
冷通道或机柜进风区域的温度	18℃~27℃			不得结露
冷通道或机柜进风区域的相对湿度和露点温度	露点温度 5.5℃~15℃，同时相对湿度不大于 60%			
主数据中心环境温度和相对湿度（停机时）	5℃~45℃，8%~80%，同时露点温度不大于 27℃			
主数据中心和辅助区温度变化率	使用磁带驱动时 <5℃/h，使用磁盘驱动时 <20℃/h			

续表

环境要求	A 级	B 级	C 级	备　　注
辅助区温度、相对湿度（开机时）	18℃~28℃、35%~75%			
辅助区温度、相对湿度（停机时）	5℃~35℃、20%~80%			
不间断电源系统电池室温度	20℃~30℃			
主数据中心空气粒子浓度	应少于 17,600,000 粒			每立方米空气中大于或等于 0.5μm 的悬浮粒子数

4.4　风冷式空调系统的组成及工作特点

4.4.1　组成

风冷式空调系统直接蒸发系统使用冷媒作为传热媒介。空调制冷系统包括压缩机、蒸发器、冷凝器和膨胀阀四个基本部分。四个部分通过管道连接成的一个综合性系统。下面对四个基本部分进行简单介绍：

1. 压缩机

压缩机是空调制冷系统制冷循环的核心部件，是制冷剂在空调制冷系统内进行循环的动力装置。

2. 蒸发器

蒸发器的主要作用是实现液态制冷剂的吸热汽化过程，从而达到制冷的效果。

空调制冷系统的具体工作过程为：蒸发器吸收周围环境空气中的热量后，从而液态制冷剂由液态气化成气态的制冷剂，然后通过压缩机将其压缩成高压、高温的气体，并运送到冷凝器里。高温、高压气体制冷剂在冷凝管中与周围环境空气进行热交换过程，重新被冷却成液体的制冷剂。通过节流装置后，液体制冷剂的压力和温度降低了，并再次进入蒸发器。制冷剂由液态气化成气态的同时，热量降低，使周围环境空气温度下降，从而达到降温的目的。

3.冷凝器

冷凝器是在空调制冷系统制冷剂的作用下，使压缩机排出的气态热蒸汽冷凝为液态的装置。

4.膨胀阀

膨胀阀的主要作用是控制制冷剂循环的，其通过降低高压液态制冷剂的压力，使进入蒸发器的制冷剂在系统规定的压力下吸收热量蒸发，同时还能够自动调节进入蒸发器的制冷剂的流量大小。

4.4.2　工作特点

在空调制冷系统管路中通过不断进行循环流动制冷剂，与周围空气环境进行热交换过程，在蒸发器内吸收被冷却介质（水或空气等）的热量，实现汽化，在冷凝器中将热量传递给周围环境而冷凝，从而实现周围空气环境降温的目的。风冷式空调制冷系统的主要原理见图 4.1。

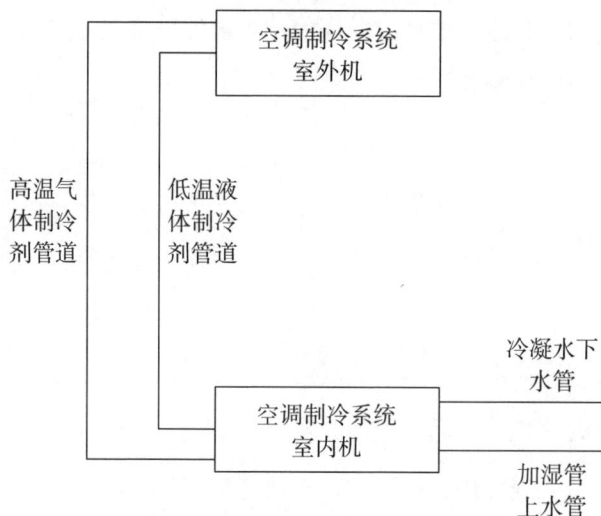

图 4.1　风冷式空调制冷系统的主要原理

风冷式空调制冷系统由于维护相对简单，在数据中心的应用还是最多，广泛应用于中小型数据中心中，它具有以下特点：

数据中心的制冷系统如果考虑冗余备份，实际设计中多采用多台并联冗余的方式，多台空调制冷系统组成一个整体，每一台空调制冷系统处于同等重要位置上，但是又是相互独立的，并且能够单独的进行暂停与开启操作，不影响其它的空调制冷系统。当某一台空调制冷系统出现故障问题，无法正常运行时，管理系统会给另外的冗余备份空调发出指令，启动处于冗余备份的空调系统，即可保证数据中心电子设备的正常运行。

风冷式空调系统采用直接蒸发制冷循环，不需要安装冷冻水和冷却水系统，日常维护相对简单方便。因为没有水系统，所以安全性也较高，同时安装也相对简单方便。

对于中型数据中心，每个空调制冷系统均需要一套制冷管路连接，成本较高，同时工程量也较大。

空调的室内机和室外机之间由于受距离限制，目前当距离长度大于60~70m 左右时，效率会有比较明显的降低，同时还需要增加装置设备。

4.5　空调制冷系统主要功能

对周围空气环境温度控制、湿度控制和洁净度控制是空调制冷系统的主要功能。

4.5.1　温度控制

数据中心的温度控制是空调制冷系统的主要作用，数据中心内电子信息设备对其运行的温度有着相对严格的要求，温度高或者低都会对电子信息设备造成较严重的影响，甚至是无法挽回的严重后果。

数据中心内电子信息设备一般需要 365 天 × 24 小时不间断运行，会产生巨大的发热量，这就要求空调制冷系统要有比较高的制冷能力和稳定能力。

风冷型空调制冷系统主要靠制冷剂在管路中循环实现。

4.5.2　湿度控制

湿度过低，电子元器件容易产生静电，造成电路板静电放电乃至击穿；湿度过高，设备与元器件的表面又容易结露而出现冷凝水，发生漏电或短路现象而无法正常工作。因此，数据中心空调制冷系统要具备加湿与除湿功能，并能将相对湿度控制在允许的合理范围内，一般要求恒温、恒湿的环境。数据中心内的除湿也依靠制冷循环来实现，在制冷过程中，我们可以控制蒸发器表面的温度低于被冷却的室内空气露点温度，凝结水不断从蒸发器表面流出，达到除湿的目的。

数据中心内湿度过低，必须依靠加湿器进行加湿。加湿器把液态水汽化为纯净的水蒸气，并通过送风系统把水蒸气送入数据中心环境，实现保持数据中心恒温恒湿的目的。

4.5.3　洁净度控制

控制数据中心洁净度主要从数据中心的正压环境和过滤要求两个方面着手设计。保持数据中心的正压环境主要通过数据中心新风系统来实现。过滤主要通过空调系统机组回风口的过滤装置，对空气中的灰尘和杂质等进行过滤。可以通过选配、调整装置不同的过滤等级，以达到控制数据中心内空气洁净度的目的。为保证数据中心的洁净度，需要对地板下和天花板上的送回风空间进行净化处理，天花板、地板或者装饰材料应选择不起尘、不吸尘的材料。

4.6　数据中心空调送回风方式

数据中心中的设备众多、发热量大、发热集中，空调制冷系统就是用来收集热量并将其输送到室外大气环境中。为了对数据中心电子信息设备进行高效冷却，设计时不但需要考虑空调制冷系统的制冷量，而且还要考虑数据中心空调系统的气流组织分布，确保其气流组织必须与数据中心冷负荷相匹配。空调系统的气流组织分布应能满足电子信息设备本身的散热方式、设备的摆放位置、摆放密度、设备散热量以及数据中心内风速、防尘、噪声等要求，并要结合建筑条件综合确定。气流组织则是为了更好地分配数据中心内的气流以提高空调制冷系统的使用效率。数据中心制冷系统效率的不同，归根到底还是取决于气流组织方案的不同。空调制冷系统送回风方式、送回风口位置的设计合理与否，对数据中心空调的制冷效果，乃至数据中心整体能耗都有着至关重要的影响。

数据中心气流组织的基本方案主要分为两种，下面分别进行简单介绍：

1. 自然送回风形式

自然送回风方式就是仅仅利用数据中心的墙壁，天花板以及地板对送回风气流进行限制。这种方案的缺点是会导致冷空气和回风热空气的混合，严重降低数据中心的制冷效果和效率。

2. 精确送回风形式

精确送回风方式就是通过一套机械装置设备（送回风管路、穿孔静电活动地板和冷通道内的精密专用空调等）直接将送回风空气控制在距离电子信息设备较近的距离，以达到较好的制冷效果和效率。

目前数据中心空调制冷系统气流组织方式较多，目前中小型数据中心最常用的送回风方式有下送风上（侧）回风、上送风下（侧）回风方式和前送风后回风方式等。

（1）下送风上（侧）回风方式

下送风上回风方式是指热空气经过空调制冷系统处理后，变为低温冷空气，冷空气从空调系统底部送到活动静电地板下。活动静电地板下的空间会形成一个静压箱，静压箱会减少送风系统的动压，增加静压，稳定气流和减少气流振动，使送风效果和送风效率更高。低温冷空气通过机柜底部或者地板风口送出，送出的低温空气只在瞬间与数据中心内的热空气混合，即刻进入到数据中心机柜和电子信息设备内，因为密度小，热空气会上升；冷空气密度大，会往下降，填补热空气上升留下的空缺，冷空气会带走数据中心和电子信息设备的热量。热空气通过数据中心上（侧）部的空间，回到空调制冷系统内部，通过循环系统进行降温处理后，形成冷空气，并再次进行循环。下送风上回风的示意图如图4.1和4.2。

下送风上（侧）回风方式的优点主要有：

第一，从制冷效果角度考虑，下送风上（侧）回风方式是将低温冷空气直接从底部通过活动地板下静压箱送到数据中心机柜和电子信息设备内，冷空气吸收机柜内的热量后变成热空气，热空气从数据中心上部回送到空调制冷系统。冷热空气的流动方向与空气特性保持一致，空调制冷系统的制冷效果和效率都较高。

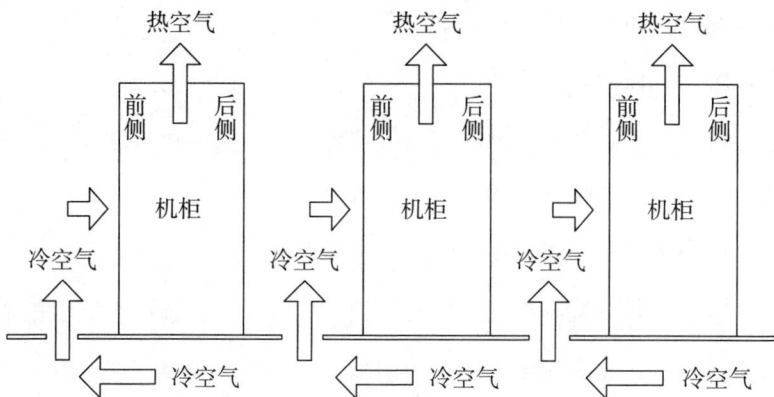

图4.1　下送风上（侧）回风方式示意图一

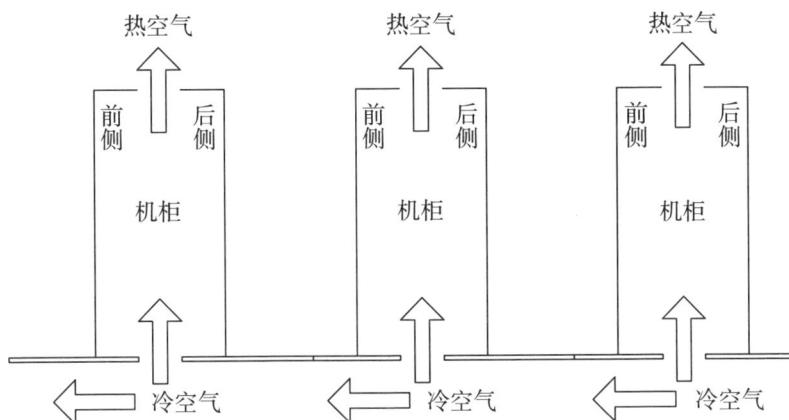

图 4.2　下送风上（侧）回风方式示意图二

第二，从送风均匀角度考虑，活动静电地板的净高度一般在 30~50cm 之间，作为送风的静压箱空间比较充裕，会使冷空气送风均匀，而且送风噪声相对会更小。

第三，从安装角度考虑，活动静电地板作为静压箱，不需要安装送风管道和送风口，安装施工相对简单，而且空调内机的摆放位置也相对更加灵活。

虽然下送风上（侧）回风方式的优点比较多，但在设计初期，仍然需要注意的问题较多，主要包括以下两点：

第一，活动地板下除了作为静压箱使用外，主要是作为给水管、排水管、电缆线缆等各种管线的铺设空间使用，建设初期就要考虑数据中心整个使用周期内，设备及管线的扩容、多少和布线走向等，要做到活动地板下管线的走向整齐有序，还要确保数据中心电子信息设备扩容后，要能保证活动地板下有足够的空间作为静压箱，从而确保空调制冷系统的制冷效果和效率。除了将线路安排在活动静电地板下外，还可以采取走线架上走线的方式进行线路的管理。而且从安全角度考虑，设计时要充分考虑水管的安全，设置漏水点的智能检测，否则出现漏水等故障时不易被发现，更易造成严重的安全隐患。

第二，活动静电地板下形成一个大的静压箱，使得活动地板下的送风远近均匀，所以活动地板质量的好坏将直接影响空调制冷系统的制冷效果。如果活动地板质量不好，或是维护、管理不当都会造成送风路线短路，冷空气就不能到达数据中心内最远处机柜和电子信息设备，数据中心内会产生局部热点，导致数据中心内不同区域的温差较大，会影响电子信息设备的安全、稳定运行。如果活动静电地板的质量较差，时间稍长，会导致活动静电地板下面的灰尘聚集较多。灰尘会随着冷空风进入机柜，会严重影响电子信息设备的安全和稳定运行，所以在设计数据中心时，要设计采用质量较好的静电活动地板。

（2）上送风下（侧）回风方式

上送风下回风方式是在数据中心天花板顶部安装出风口，冷空气从空调系统排出的出风口向下排出，进入机柜和电子信息设备内，对设备进行降温后变为热空气。热空气从机柜和设备的下（侧）端排出，进入空调制冷系统，被再次使用。采用这种送风方法，走线架、给水管、排水管等多是上走线方法，容易发现水管的漏水点，安全性较高。但因为冷空气从空调系统吹出来后，会先与周围环境的空气混合，会严重影响制冷效果和空调系统的能耗。这种送风方式一般只适用于在小型数据中心或者散热量较小的数据中心，不适用于中型及以上规模数据中心。上送风下回风方式的示意图如图4.3。

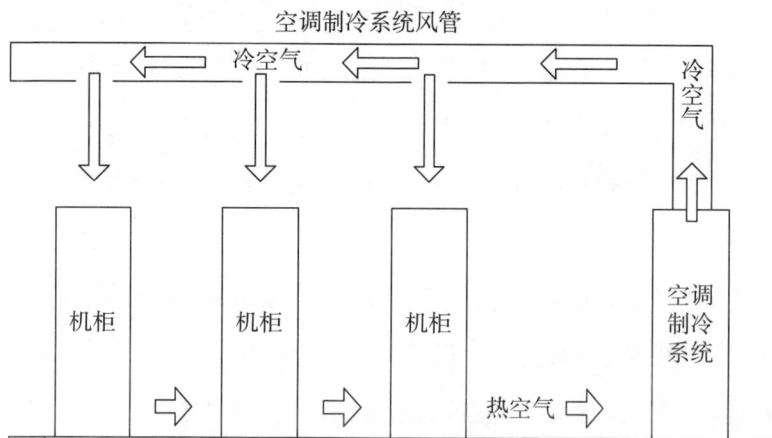

图4.3　上送风下（侧）回风方式示意图

采用上送风下（侧）回风方式时，因为其走线架、空调风管、水管、照明灯具等一般为明装安装方式，所以数据中心机柜上部会比较凌乱，数据中心整体的美观性会较差。设计初期要充分考虑机柜上方的走线槽走向。

（3）前送风后回风方式

这种方式通常用于封闭冷通道的数据中心。空调系统直接安装于冷通道内。冷空气从空调制冷系统吹出后，会直接进入冷通道，然后通过电子信息设备的风扇进入设备。冷空气为设备降温以后，会成热空气，热空气会由机柜后侧排出冷通道进入热通道。随后热空气会重新回到空调系统，进行冷却降温处理后变为冷空气，再被循环使用。前送风后回风方式的示意图如图 4.4。

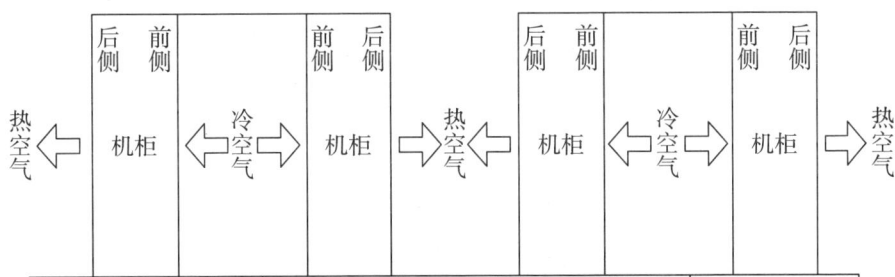

图 4.4　前送风后回风方式示意图

前送风后回风的方式对于中小型数据中心都适用，制冷效率也较高，主要包括两点优势。

第一，采用这种回风方式的冷通道，机柜多采用"面对面、背靠背"的摆放方式，将冷、热空气进行分区，符合电子信息设备从正面进风、从后面排风的设计原则。同时也避免了前排机柜排出的热空气与冷空气混合进入后排机柜，导致制冷效果降低的问题发生，从而能够提高数据中心的整体制冷效率。

第二，冷空气由空调系统排出后，直接进入冷通道内，会充满整个冷通道。冷空气被吸入机柜内的冷量均匀，不会产生局部热点。

4.7　数据中心空调系统布局

数据中心空调系统需要根据数据中心场地形状、机柜布局、送回风方式、数据中心局部热点可能位置等多角度考虑，从而确定空调制冷系统的摆放方式。空调制冷系统常见的布局有单侧布局方式、双侧布局方式和冷通道布局方式等。

单侧布局方式主要是指空调内机放置在数据中心的一侧，示意图如图 4.5。

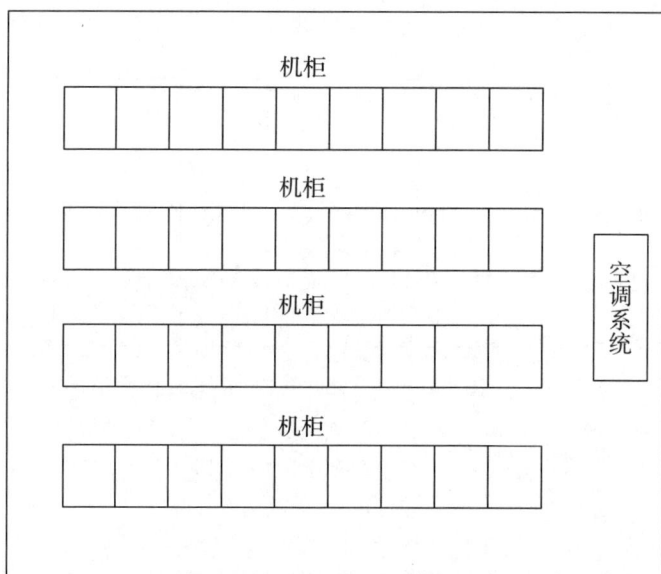

图 4.5　空调单侧布局方式示意图

双侧布局方式主要是指空调内机放置在数据中心的两侧，示意图如图 4.6。

冷通道布局方式是指空调制冷系统直接安装于冷通道内。空调系统吹出冷空气后，直接进入冷通道内，冷空气从机柜前侧通过电子信息设备的风扇进入设备，示意图如图 4.7。

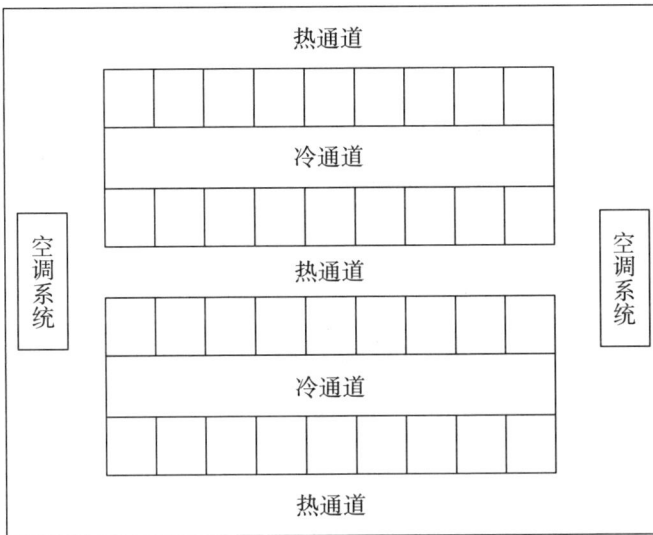

图 4.6　空调双侧布局方式示意图

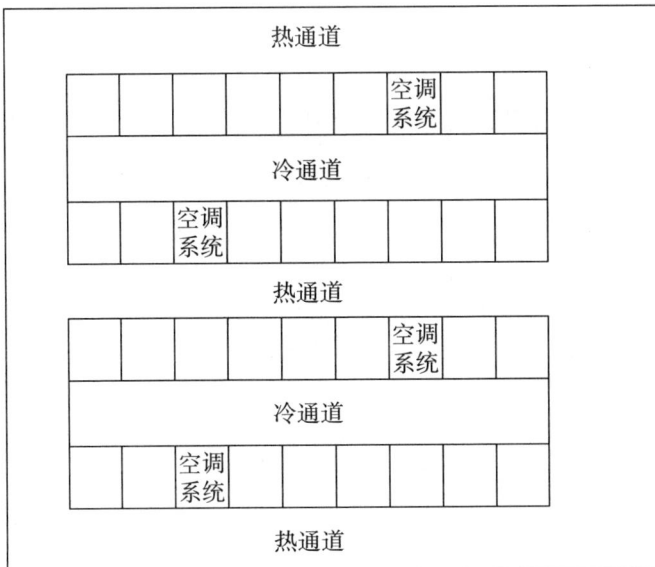

图 4.7　冷通道布局方式示意图

4.8 空调制冷系统负荷计算

数据中心负荷计算的准确与否不仅能直接决定数据中心合适的温湿度和洁净度要求，而且还能使整个数据中心的能耗降到最低。

4.8.1 概念

匹（HP）：又称马力、匹马力，即表示输入功率，也经常表示成制冷量。当表示功率时有以下关系：

$$1HP=0.735kW。$$

当表示制冷量时，表示消耗 1HP 功率所产生的制冷量，有如下关系式：

$$1HP=2.2kW。$$

4.8.2 负荷计算

在进行空调制冷系统负荷的计算，首先要弄懂冷负荷和热负荷的概念。冷负荷是指在某一时间段内，为保持数据中心内稳定的温、湿度环境，需要向数据中心内输送的冷量多少。为补偿数据中心失掉的热量，而需向数据中心输送的热量称为热负荷。为维持数据中心内相对湿度所需，由数据中心除掉或者增加的湿量称为湿负荷。

数据中心空调制冷系统的负荷主要包括电子信息设备热负荷、照明设备热负荷、人体热负荷、建筑围护结构传导热和新风量热负荷等。

在数据中心规划设计初期，对于场地空间充足，建成后，安装设备比较明确的情况下，可以根据具体设备的负荷情况，进行数据中心总体功耗需求的计算。电子信息设备、空调制冷系统、控制管理系统、照明系统、新风系统负荷、建筑围护结构负荷和人员散热负荷等所有设备、环境和人员的负荷之和就是数据中心的总负载。

对于设计后，电子信息设备安装规划不明确或者条件不允许时，只能进行估算，常用的简便估算方法包括功率＋面积法、面积法和简化法。

1. 功率＋面积法

数据中心中除电子信息设设备和空调制冷系统外，照明系统、新风系统负荷、建筑围护结构负荷和人员散热负荷等负荷占数据中心总负荷的比例不高，可以根据数据中心面积进行估算。

功率＋面积法主要是根据数据中心的主要设备功率和环境热负荷对总负荷进行估算。估算公式为：

$$Qyt=Qy1+Qy2,$$

其中，Qyt 表示总制冷量（单位是 kW）；

Qy1 表示室内设备总负荷（等于设备功率乘以同时利用系数，系数通常取 0.8~1 的值）；

Qy2 表示环境热总负荷（等于估算系数乘以机房面积，估算系数要根据气候条件、数据中心朝向等因素综合考虑，常取 $0.1kW/m^2$~$0.2kW/m^2$）。

2. 面积法

数据中心的负荷主要包括电子信息设备和空调制冷系统。设计之初，对于数据中心电子信息设设备无法明确，难以准确计算热负荷的情况下，可以根据数据中心功能和面积进行估算。计算公式为：

$$Qyt=Sy \times Py,$$

其中，Qyt 表示总制冷量（kW）；

Sy 表示机房面积（m^2）；

Py 表示冷量估算指标（根据不同用途机房的估算指标选取）。

对于每个机柜负载在 4kW 左右的常规数据中心而言，发热量常按照 600~$1000W/m^2$ 左右估算；对于有高密度计算机柜的数据中心区域，一般要按照 $2000W/m^2$ 左右进行估算。

3. 简化法

简化法通常是只利用设备负荷，不考虑照明系统、新风系统、建筑围护结构负荷和人员散热负荷等负荷。计算公式为：

$$Qyt=Fy \times sy$$

其中 Qyt 表示总制冷量（kW）；

Fy 表示设备负荷；

sy 表示运行系数。

4.9　空调制冷系统的选择

数据中心空调制冷系统的选择需要考虑的因素较多，主要包括数据中心的设计等级、制冷量、气流组织方式、数据中心场地形状和空调系统布局等因素，同时还要考虑空调系统的可靠性、经济性和环保性等的要求。

数据中心主数据中心应选用数据中心专用空调制冷系统，满足数据中心大风量、高热密度和连续运转等需要。设计数据中心空调制冷系统时，制冷量需要保持 10~20% 左右的冗余。为保证数据中心的可靠、不间断运行，A 级数据中心和 B 级数据中心的空调制冷系统应设置备份冗余空调系统。

为确保多台空调制冷系统为一个整体，选用数据中心空调系统时，空调系统应带有通信接口，满足数据中心控制管理系统的要求，能够实现与控制管理系统的对接。

数据中心如果是有人活动或者是有人值守，为保证数据中心内部的静压和人员安全要求，数据中心内应设计、安装新风系统。如果是无人值守的密闭数据中心，设计新风系统时候，应尽可能减少新风量，以降低整个数据中心的能耗消耗。

设备的可靠性是空调制冷系统设计时需要考虑的最基本衡量指标，主要的指标还包括平均无故障时间，同时可以参考的指标还包括空调系统制造厂商的实力、口碑和落地案例等情况。

能效比是衡量空调设备效率的指标，能效比是指设备在额定工况下静态的能效比。静态能效比不能反映数据中心全年的运行情况，为反映数据中心全年制冷运行的效果，通常采用全年能效比这个指标来刻画数据中心空调系统实际运行的能效。

进行设计时，如果需设计冗余备份，空调制冷系统应该有群控功能。根据数据中心实际运行情况，控制系统可以将多台空调制冷系统联动与群控，实现备份、轮巡和避免竞争运行等基本功能，保证空调制冷系统的可靠性和高效性。在当前国家碳中和、碳达峰等政策大环境下，还应该关注空调制冷系统的能耗问题。控制系统能够对空调系统有能耗管理的功能，能够采用智能的控制管理策略，以降低空调制冷系统的能耗。同时，为了维护的方便，空调系统的控制系统还应有良好的中文交互界面。为保证系统运行的安全性，空调系统还要有密码保护功能，防止无关人员的误操作。

选择时，空调制冷系统的可维护性也是重要参数指标之一。由于空调室内机、过滤器、加湿器、室外机等都需要进行定期清洗和更换，制冷系统、控制系统和风机系统等也需要定期进行维护检查，到厂家推荐年限时候还需要进行大修，所以可维护性的好坏将决定空调制冷系统日常使用的便捷性和稳定性。

根据不同数据中心以及用户的不同需求，有时还会关注设备尺寸、可变容量等个性化的设计。

4.10　设计案例

依然以 3.7 的设计为例，设计该数据中心的空调制冷系统配置情况。

通过简化计算方法，每个冷通道内的热负荷约为 $12 \times 4 \times 0.8$（运行系数）$=38.4kW$，所以整个数据中心设备机柜的热负荷为 $8 \times 38.4 = 307.2kW$。

根据每个机柜冷通道的热负荷，并同时考虑冗余备份，每个机柜冷通道需设计配置 3 台精密空调，每台精密空调制冷量不小于 25kW。整个数据中心需要设计配置 24 台列间精密空调。

4.11　章节小结

数据中心空调制冷系统的设计是数据中心设计中最重要的环节之一。其负荷计算的准确与否、设计的合理与否、安装的规范与否对数据中心的整体能耗都有着重要的影响。本章首先介绍了国家标准规范中关于空调制冷系统的阐述，然后从空调制冷系统的原理、负荷计算、气流组织设计、空调制冷系统布局等方面进行了详细阐述，使读者不但能掌握空调制冷系统的设计原理，而且还能掌握中小型数据中心空调制冷系统具体的实用设计技术。

第5章

数据中心新风排烟系统

数据中心需要有人值守，也需要定期、定时巡检，所以空气质量对值守人员的健康会有一定影响。如果是采用气体灭火系统的数据中心，灭火气体喷射后，需要排烟系统在一定的时间内将气体排出室外。新风系统要将室外新鲜空气经过过滤后送到数据中心内，同时将数据中心内的污浊空气排到室外。排烟系统主要是灭火气体喷射后将气体快速排出的系统。新风系统和排烟系统设计时，一般同时进行考虑，对于数据中心的作用是非常大的。通常来说发挥的作用包括三点：一是保持数据中心内的正压环境。二是维持数据中心内空气的洁净度，为数据中心内的工作人员提供新鲜的空气环境，保证工作人员的正常工作和身体健康。三是通过不断补充新风，排出数据中心内的有害气体，冲淡有害气体的浓度，减少有害气体对数据中心内设备的腐蚀和伤害，从而提高数据中心的安全性。

5.1 设计标准规范

GB 50174–2017《数据中心设计规范》

GB 50736–2012《民用建筑供暖通风与空气调节设计规范》

GB 50019–2015《工业建筑供暖通风与空气调节设计规范》

JGJ/T 440–2018《住宅新风系统技术标准》

5.2 标准规范中的相关规定

国家标准规范《数据中心设计规范》（GB 50174–2017）中关于新风系统的主要规定包括："新风系统应设初、中效过滤器，环境条件不好时，可以增加亚高效过滤器和化学过滤装置。设有新风系统的主数据中心，应进行风量平衡计算，以保证室内外的差压要求，当差压过大时，应设置排风口，避免造成新风无法正常进入主数据中心的情况"。新风系统的新风量应取下列二项中的最大值：

一是按工作人员人数计算，每人 40m³/h；

二是维持室内正压所需风量。

根据建工行业建设标准《住宅新风系统技术标准》（JGJ/T 440–2018）的相关规定，对于有工作人员长期办公的行政管理区，新风系统的最小设计新风量可以采用换气次数法，并按照下列公式计算：

$$Qmin=F*h*n$$

其中：Qmin 表示最小设计新风量（m³/h）；

F 表示居住面积（m²）；

h 表示房间净高（m）；

n 表示最小设计新风量换气次数（次/h），可按照表 5.1 选取。

表 5.1 最小设计新风量换气次数

人均居住面积 a	换气次数 n
a≤10m²	0.7 次/h
10m²<a≤20m²	0.6 次/h
20m²≤a≤50m²	0.5 次/h
a≥50m²	0.45 次/h

注：人均居住面积＝居住面积/设计人员数目或实际使用人数

对于数据中心，新风系统主要有两个作用，一是对数据中心内的空气进行循环，维持数据中心内空气的清新，保护运维值守工作人员的身体健康。二是保证数据中心内空气的一定正压环境，防止室外空气未经处理从围护结构缝隙泄漏进入数据中心，影响数据中心内空气的温度、湿度和洁净度要求。数据中心对数据中心外走廊的压差一般不低于 4~5Pa，数据中心对室外的正压一般要求保持 8~10Pa。此外，数据中心的专用空调对空气质量也有一定要求。对于屏蔽数据中心，一般其密闭性较好，所以设计新风系统时，通常采用新风排风一体机。

如果数据中心采用气体灭火系统，由于数据中心区域处于封闭状态，一旦失火产生的有害烟尘短时间内无法排出。因此，在数据中心内设计气体灭火系统时，需配置满足气体灭火系统联动要求的新风系统和排烟系统。如果数据中心面积较小，可以采用柜式排烟系统。如果数据中心面积较大，排烟系统需采用管道式布置，并配备电动排烟防火阀，要求其与消防系统联动，以实现正常运行时慢速排烟，火灾等危险情况发生后能够高速排烟的目的。

5.3　新风系统的风量计算

新风量的计算是新风系统设计的关键，新风量设计的多少将直接决定整个数据中心能耗大小和工作体验。过少会导致无法维持数据中心内部的正压环境，无法保证数据中心内人员对新鲜空气的需求量；新风量过多又会造成极大的能源浪费。为了保证数据中心的正压，并确保值守人员对洁净空气的需求量，实际设计过程中，计算数据中心的新风量，一般应该按照以下两种方法中的最大计算值进行设计。

1. 新风量计算方法一

方法一主要是以数据中心内的可容纳的人数为基准进行计算，计算公式为：

$$Qx1=Nx \times qx$$

其中：Nx 表示数据中心内容纳的人数；

Qx1 表示新风量（单位为 m^3/h）；

qx 表示每人所需要的新风量（一般取值为 $40\sim60m^3/$人）。

2. 机房新风量计算方法二

方法二主要根据新风系统的换气次数进行计算，计算公式为：

$$Qx2=px \times Vx$$

其中：Vx 表示数据中心的体积；

px 表示新风系统每小时的换气次数，一般取值为 $4\sim5$。当数据中心为屏蔽数据中心，密闭效果较好时，一般取 4；当数据中心为非屏蔽数据中心，密闭性较差时，一般取 5。

5.4　排烟系统

如果数据中心消防灭火系统采用的是气体灭火系统，那么设计中须考虑设计消防排烟系统。排烟系统主要作用是灭火气体喷射后，通过排烟系统将气体快速排出数据中心，以确保数据中心内的合适压力和人员安全，并防止数据中心内过大压力对设备造成的二次危害。

一般根据数据中心的体积和每小时的排烟次数设计排烟系统的规格，排烟系统每小时排烟量的计算公式为：

$$Ox=Vx*cx$$

其中，Ox 表示排烟系统每小时的排烟量；

Vx 表示数据中心的体积；

cx 表示每小时的排烟次数。

通常也可以根据新风系统的新风量进行估算，估算公式为：

$$Ox=Qx*2$$

其中，Qx 表示新风系统的设计新风量。

如果数据中心为屏蔽数据中心，在屏蔽数据中心的排风口处需安装通风波导窗，以确保屏蔽数据中心的屏蔽性能。

设计排烟系统的同时，一般需设计泄压阀。如果数据中心吊顶内高度空间有限，可以分别将新风量和排烟量的计算值除以 2，采用两台小规格的新风系统和排烟系统，均匀安装于数据中心内，这样既能解决新风系统和排烟系统的施工安装问题，又能更好地保证整个数据中心的新风效果和排烟效果。

5.5　设计案例

在 3.7 的设计案例中，拟在数据中心区设置独立新风系统和排烟系统，采用温度预处理的新风机，并设置初、中、亚高效过滤。

新风系统的安装范围为主数据中心，在吊顶内安装风管，通过风管将新风送到主数据中心的各区域，并要求在数据中心内安装泄压阀，精确控制室内正压 5~10Pa 左右和数据中心人员的工作要求。

根据新风系统的换气次数进行计算，新风系统每小时的换气次数取 4，得到新风系统新风量为 $Qx2=px \times Vx=400 \times 4 \times 4=6400m^3/h$，考虑到吊顶的安装高度，所以选用 2 台 3500m³ 风量的新风系统。

利用公式估算，排烟系统的排烟量为 $6400 \times 2=12800m^3/h$，所以选用两台 6500m³/h 左右的排烟系统。

设计时候，新风机、风管等需采用降噪措施，另在数据中心内安装 2 个泄压阀，确保数据中心内正压在合理范围内。

5.6　本章小结

　　新风系统和排烟系统的质量优劣决定着数据中心内工作人员的健康和数据中心的整体安全。本章主要介绍了新风系统的设计标准规范，并重点阐述了工程设计中，新风系统和排烟系统的详细设计方法。最后通过一个简单的设计案例，对数据中心新风系统和排烟系统的整体设计进行介绍。通过案例设计，使作者能够比较细致的了解数据中心新风系统和排烟系统的设计要点和设计思路。

第6章

数据中心接地和防雷系统

目前，随着计算机和网络通信技术的高速发展，大部分电子产品都采用了大规模及超大规模的电子集成电路制造技术，加之网络系统的传输线路一般暴露于室外，极易遭受雷击损坏，所以现在电子信息系统、网络系统等对雷击的防护要求就越来越高。目前由于人们对雷击的防护措施不力或者存在认识上的偏差，数据中心遭受雷击情况频繁发生，防雷击效果较差，对数据中心的安全造成了较大的危害，特别是在雷雨季节，这种情况发生更多。20世纪70年代，美国某公司在实验室中利用仿真实验验证了在有雷击干扰的情况下，对于无屏蔽的电子计算机，如果磁感应强度达到0.07Gs，电子计算机就会发生误动作情况，如果磁感应强度达到2.4Gs或者更高，就会导致电子计算机的永久损坏。数据中心在设计建设初期，就需进行接地防雷系统的专业设计，坚持预防为主、安全第一的原则，加强数据中心的防雷击防护，做好整体防护措施，做到有备无患，以确保数据中心内信息设施设备的安全、稳定、可靠运行。

6.1 设计标准规范

GB 50174–2017《数据中心设计规范》

DB 37/T3221–2018《数据中心防雷技术规范》

GB 50057–2017《建筑物防雷设计规范》

GB/T 19271.4–2005《雷电电磁脉冲的防护（第4部分）：现有建筑物内设备的防护》

GA 173–2002《计算机信息系统防雷保安器》

GA 267–2000《计算机信息系统雷电电磁脉冲安全防护规范》

YD/T 1235.1–2002《通信局（站）低压配电系统用电涌防护器技术要求》

YD/T 1235.2–2002《通信局（站）低压配电系统用电涌防护器测试方法》

GB/T 9361–2011《计算机场地安全要求》

GB/T 2887–2011《计算机场地通用规范》

GB/T 50311–2016《建筑与建筑群综合布线系统工程设计规范》

GB/T 17626.5–2019《电磁兼容试验和测量技术浪涌（冲击）抗扰度试验》

GB/T 34312–2017《雷电灾害应急处置规范》

GB/T 22239–2019《信息安全技术　网络安全等级保护基本要求》

GB 50343–2012《建筑物电子信息系统防雷技术规范》

GB 50057–2010《建筑物防雷设计规范》

6.2　标准规范中的相关规定

数据中心的接地防雷系统包含接地系统和防雷系统，两者相互联系，密不可分，缺一不可。设计时，除了满足人身安全及电子信息设备正常运行的要求，还要参考国家标准《建筑物防雷设计规范》GB 50057 和《建筑物电子信息系统防雷技术规范》GB 50343 的有关规定。《数据中心设计规范》（GB 50174–2017）中关于防雷接地系统的要求，有以下规定："保护性接地和功能性接地宜共用一组接地装置，其接地电阻应按其中最小值确定。对功能性接地有特殊要求需单独设置接地线的电子信息设备，接地线应与其他接地线绝缘；供电线路与接地线宜同路径敷设。数据中心内所有设备的金属外壳、各类金属管道、金属线槽、建筑物金属结构必须进行等电位联结并接地。等电位联结网格应采用截面积不小于 25mm² 的铜带或裸铜线，并应在防静电活动地板下构成边长为 0.6m~3.0m 的矩形网格。"《信息安全技术 网络安全等级保护基本要求》（GB/T 22239-2019）中对防范雷电损害提出了要求。在防雷击方面，对一级至四级均要求应将各类机柜、设施和设备等通过接地系统安全接地。对三级和四级还额外要求采取措施防止感应雷，例如设置防雷保安器或过压保护装置等。在配电系统方面，对一级至四级都要求在数据中心供电线路上配置稳压器和过电压防护设备。对三级和四级还额外要求在关键设备和关键区域实施电磁屏蔽措施。《计算机场地通用规范》（GB/T 2887-2011）对计算机场地防雷做了几项安全防护规定："一是应防止雷击损害计算机设备以及对计算机系统正常运行的影响。二是当计算机场地作为独立建筑时，其建筑物的防雷应符合 GB 50057 的规定。三是计算机场地位于其建筑物内时应做防雷处理，计算机场地应采取有效隔离和防雷保护措施，具体要求应符合 GB 50343 的规定。"

6.3 接地技术的历史

数据中心的接地系统是指在电气设备和大地之间实现确实的电气连接，包括接闪器、引下线、接地装置。接闪器不仅包括外形与避雷针相似的接闪杆，还包括接闪带、接闪线、接闪网，以及接闪的金属屋面、金属构件等。接闪器的主要作用是当雷云接近地面时，使地面电场发生改变，在接闪器的顶端形成局部电场集中的空间，以干扰雷电先导放电的路径，引导雷电向接闪器放电。引下线是从接闪器向下，沿建筑物、构筑物和金属构件引下的导线，其作用是通过接闪器将雷电强大的电流引导至接地装置。接地装置是指将相当面积的钢板或铜板埋入地下而成或将若干组长度为 2m 的角钢、钢管、圆钢等直接打入地下。接地装置的作用是将传导到接地装置的雷电电流泄散入地，从而保护设备免受雷击。如果接地系统安装不到位，避雷装置就会成为引雷装置，不但不能保护建筑物和设备，反而会造成建筑物和设备的损坏，更有可能威胁到人们的生命财产安全。

接地技术的历史最早是从富兰克林发明的避雷针开始的。在 18 世纪，富兰克林发明了最早的避雷针，基本构造如图 6.1。他把一根较长长的金属铁棒立在房屋上，铁棒下端埋入地下，上端立在空中。因为避雷针是把雷闪电的巨大能量安全释放入大地的装置，它的下端与大地被短接，于是就产生了接地技术。

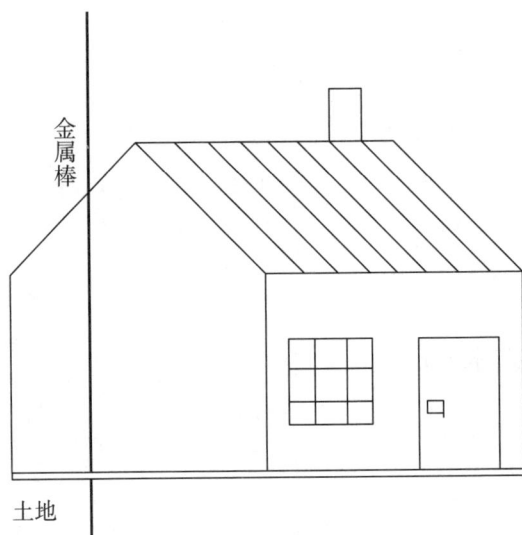

图 6.1　富兰克林发明的避雷针

18 世纪，在贝尔研究成功了电话后，电话线网的应用越来越多。这些线网大多为架空线网，更容易受到雷电的直接或者间接的攻击影响，会直接影响电话系统的安全稳定运行，甚至会危害到室内电话使用人的人身安全。于是，早期避雷针就被引入到了电话系统中，著名的贝尔电话研究所对避雷器和避雷针等进行了系统的研究，产生了一系列的接地体系的研究成果，也推动着防雷接地系统的快速发展。

电网、电子信息设备的有效接地，是保障设备安全、操作人员人身安全和设备稳定可靠运行的必要措施。所以，凡是与电网连接的所有设备、设施都应当有效接地；凡是有电网通过或者到达的建筑物、设施等，就必须建设相应的接地系统和接地装置。

6.4　接地系统

数据中心接地系统的设计、安装要认真对待。接地系统主要包括计算机专用直流逻辑地、配电系统交流工作地、安全保护接地和抗静电接地等。

1. 计算机专用直流逻辑地

电子学中所说的接地并不总是指连接到大地的接地，电子线路的工作接地也可以是电子电路的零伏电位的基准点、线或平面。接地基准点、线或平面可以是一台设施、设备的外壳，也可以是一大段导电体。一般情况下，采用导线从数据中心所在楼宇综合接地体引入。利用铜排在数据中心静电活动地板下编制成环型的接地网络，并配有专用接地端子。要采用铜编带将主数据中心内的机柜、电子信息设备等对角不等长接入到环型接地网络中。数据中心内所有设备的金属外壳均要做到可靠接地，并统一汇聚至数据中心内的专用接地端子箱，使数据中心内所有设施设备的金属外壳形成一个等电位。通常情况下，计算机系统直流逻辑地电阻值要求≤1Ω。

2. 配电系统交流工作接地

市电零线就是配电系统交流工作接地，它是利用动力电缆（三相五线电缆）中的零线作为引上线，并通过电线、电缆中的零线引至各非电子信息设备。一般要求交流工作地电阻值≤4Ω。

3. 安全保护接地

数据中心内的空调、监控等用电设备是使用的交流电源，它必须符合电网部门的有关用电规定。服务器、交换机等电子信息设备大多数使用的直流电源，这些设备还要同时满足设备使用直流电源的接地要求，通常通过阻燃电缆的保护线（PE 线）引至数据中心内，并通过电缆、电线中的地线引至各个用电设施设备，目的是确保数据中心内所有带电设施设备的非带电外壳能够做到可靠接地，最终目的是保证操作人员的人身安全。直流电源接地通常有两种方式，一种是利用大地作为导电回路而采取的接地方式，另一种是利用大地做参考电位而采取的接地方式。第一种方式已经逐步被淘汰，目前使用最多的还是第二种。第二种方式要求参考电位最好是不变化的，至少要保证使用同一接地系统的各个设施、设备之间相对的参考电位没有差别。最常用的是通过数据中心内的等电位接地网引至数据中心内的所有金属外壳，以确保数据中心内的所有设施设备的金属外壳可靠接地。一般安全保护地电阻值要求≤4Ω。

4. 抗静电接地

静电是数据中心发生最频繁、最难消除的危害之一。静电产生的高压电流经过设备外壳时，会引起设备内的电源线和信号线产生感应噪音、辐射噪声，不仅会导致电子信息设备运行出现随机故障，这种随机故障难以找出诱发原因，而且还会引起设备外壳安全地点位发生变化，更严重的是会导致电子信息设备的元器件、电路板等被击穿或者毁坏。抗静电接地就是利用抗静电地板及时通过地线，将静电地板携带的静电进行泄放，同时还要确保数据中心内的所有非带电金属材料能够可靠就近接地，以避免静电对电子信息设备的损坏及由静电引起的随机故障，并确保操作维护人员的人身安全。一般情况下，静电泄放支线都采用编织软铜线，支线做成网格状，间隔为

1.8 米 × 1.8 米左右。支线与地板支腿螺栓要做到紧密连接。数据中心内的不锈钢踢脚板同样要进行抗静电接地，要用静电泄放支线连接，并且要求每一连续金属框架的静电泄放支线连接点不少于两处。通常情况下，抗静电接地电阻值要求≤4Ω。

根据国家标准规范以及数据中心接地的有关要求，数据中心接地系统最好采用综合接地方式设计施工。用扁钢将数据中心内的所有接地点连成一体，并将三种接地引下线接入地桩。

目前设计施工时最常用的做法是将配电系统交流接地和安全保护接地合二为一，与计算机专用直流逻辑地分别用接地引线引至数据中心楼宇的地面，再将它们与避雷地桩接成综合接地网络，以确保综合接地有相同的电位。在发生雷击现象时，不会发生雷电损坏设备的情况。同时，设计、建设时要采用优质的接地体和引下线，综合运用深埋、增大接地线横截面面积、增加接地体数量或者添加降阻剂等方法来降低接地电阻，以实现接地电阻值小于1Ω，保证各个接地线之间不产生电位差、不会相互干扰。

6.5 防雷系统

对数据中心建筑物造成损害的放电现象，主要是直击雷和球雷。直击雷的电压峰值通常可达几万伏甚至几百万伏。对数据中心而言，高电压、高电流形成的浪涌给IT设备造成的危害更为严重。从多年前的IT设备到现在的IT设备，CPU工作电压范围一般为1.2V~4.8V左右。如此低的工作电压，一旦发生雷击浪涌侵入，很可能会造成数据中心IT设备的大面积瘫痪。为了防止遭受雷击，确保数据中心内设施、设备的安全和正常运行，提高数据中心运行的安全系数，设计、建设好数据中心的整体防雷工程是十分必要的。数据中心的防雷是一个系统工程，要将外部防雷措施和内部防雷措施整体考虑，它包括对直击雷的防护、等电位连接措施、规范的综合布线、安装电涌保护器和完善合理的接地系统等部分组成。每个部分在防雷系统工程中都是不可或缺的。当数据中心遇到雷电、机柜附近的强功率源或电弧干扰时，设计良好的数据中心防雷系统会对电子信息设备起到一定的保护作用。

数据中心防雷系统通常包括楼宇配电系统防护、市电配电柜及 UPS 配电柜防护和机柜防雷防护三级防护。

楼宇配电系统防护一般采用二级防雷措施，通过在整个楼宇的配电室安装第一级防雷器，在楼层配电室安装第二级防雷器来实现配电系统的防雷。要求所有级别的防雷器都必须使用相应粗细线径的铜芯电缆连接到就近的等电位网络，并通过等电位网接入地网中。通常情况下，第一级防雷器要求线径大于等于 60 平方以上，第二级防雷器要求线径大于等于 40 平方以上。

市电配电柜及 UPS 电源系统配电柜防护，通过在数据中心进线端配电柜和 UPS 电源系统配电柜安装防雷器和断路器来实现，连接防雷器进入等电位网的线径一般要求大于等于 20 平方以上。

机柜防雷防护主要包括安装防雷电源插座和机柜内避雷保护器，并要求进入数据中心的光缆，都要就近与等电位连接带进行连接。等电位连接带的主要目的是在数据中心范围内通过工程手段，将所有金属物体连接在一起，形成一个良好的等电位体，以减少雷电流在不同金属物体之间的电位差，防止数据中心内各设施设备之间由于点位不均匀导致的设施、设备之间放电而造成的设备损坏情况。被连接的金属物体包括建筑物混凝土内的钢筋、地锚、新风管道、水管、屏蔽室接地线、机柜、空调机、波导管和水管等。

6.6　本章小结

本章在对国家标准规范相关规定进行介绍后，重点根据国家标准规范，从设计、实施的角度，对数据中心接地系统和防雷系统分别进行了较详细的阐述，为数据中心防雷接地系统的设计提供了较为详细的设计方法。

第7章

数据中心综合布线系统

综合布线系统是开放式结构，通常是指建筑物与楼宇之间，或者楼宇内的信息传输媒质系统，也就是能使电话、数据、视频对讲、多媒体等信息终端设备和信息交换设备及管理系统彼此相连接，同时也能使这些设备与外部公共网络相连接，实现信息的互联互通功能。数据中心综合布线系统是在传统意义上建筑物之间综合布线为基础发展而来的，是传统综合布线系统的延伸和拓展。数据中心综合布线系统是指连接数据中心内部和外部之间，通过综合布线将外部链路引入数据中心内部，为数据中心内部提供网络通信的基础链路，在数据中心内部每个机柜上方或者静电地板下提供结构化布线管路，通过布线管路，为每个机柜提供网络通信接入服务。综合布线系统是数据中心内外部数据传输的重要基础之一，没有可靠、稳定的综合布线系统，就没有安全、稳定、可靠的数据中心。

7.1 设计标准规范

GB 50174–2017《数据中心设计规范》

GB/T 50312–2016《综合布线系统工程验收规范》

YD/T 926.1–2009《大楼通信综合布线系统第 1 部分：总规范》

TIA-942《数据中心电信设施标准》

GB/T 50311-2016《建筑与建筑群综合布线系统工程设计规范》

GB/T 18233.5-2018《信息技术　用户建筑群通用布缆　第 5 部分：数据中心》

7.2　标准规范中的相关规定

数据中心综合布线系统设计时，除了参照《数据中心设计规范》（GB 50174）外，还应该符合现行国家标准《建筑与建筑群综合布线系统工程设计规范》（GB 50311）的有关规定。

国家标准规范《数据中心设计规范》（GB 50174-2017）中关于网络和综合布线系统的要求有以下规定："数据中心网络应包括互联网络、前端网络、后端网络和运管网络。前端网络可采用三层、二层和一层架构。A 级数据中心的核心网络设备应采用容错系统，并应具有可扩展性，相互备用的核心网络设备宜布置在不同的物理隔间内。承担数据业务的主干和水平子系统应采用 OM3/OM4 多模光缆、单模光缆或 6A 类及以上对绞电缆，传输介质各组成部分的等级应保持一致，并应采用冗余配置。主机房布线系统中，所有屏蔽和非屏蔽对绞线缆宜两端各终接在一个信息模块上，并固定至配线架。所有光缆应连接到单芯或多芯光纤耦合器上，并固定至光纤配线箱。主机房布线系统中 12 芯及以上的光缆主干或水平布线系统宜采用多芯 MPO/MTP 预连接系统。存储网络的布线系统宜采用多芯 MPO/MTP 预连接系统。"对不同等级数据中心的综合布线系统，国家标准规范中有不同的规定，详细的规定和描述见表 7.1。

表 7.1　不同等级数据中心对综合布线系统的主要规定

综合布线系统	A 级	B 级	C 级	备　　注
承担数据业务的主干和水平子系统	OM3/OM4 多模光缆、单模光缆或 6A 类以上对绞电缆，主干和水平子系统均应冗余	OM3/OM4 多模光缆、单模光缆或 6A 类以上对绞电缆，主干子系统应冗余	—	
进线间	不少于 2 个	不少于 1 个	1 个	
智能布线管理系统	宜	可	—	
线缆标识系统	应在线缆两端打上标签			配电电缆宜采用线缆标识系统
在隐蔽通风空间敷设的通信缆线防火要求	应采用 CMP 级或低烟无卤阻燃电缆，OFNP 或 OFCP 级光缆	—	—	也可采用同等级的其他电缆或光缆
公用电信配线网络接口	2 个以上	2 个	1 个	

7.3　综合布线系统的组成

综合布线系统主要有兼容性强、灵活、适应性强、综合性强、可靠性强、经济性高和安全性好等特点，可以划分为工作区子系统、垂直干线子系统、管理子系统、建筑群子系统、设备间子系统和水平子系统等六个子系统。规划建设时需要考虑的原则主要包括规范性、开放性、先进性、经济性、可扩展性、可管理性等。

7.3.1　工作区子系统

工作区子系统是指从信息插座到工作设备之间的布线子系统，主要的组成部分包括信息插座、连接跳线、插座盒和适配器等，也就是从标准的 RJ45

型信息插座延伸到每个工作设备之间的布线系统。目前随着网络新技术的进步，光纤技术和光网络理论得到了快速的发展，信息插座不仅仅指 RJ45 型信息插座，还包括光纤信息插座。

数据中心机柜是安装服务器、存储等设备的空间，为了最大化保证机柜的设备安装使用率，部分综合布线厂家会采用机柜外桥架侧挂支架的方式，将弱电系统的理线架和配线架安装在机柜外。

7.3.2　管理子系统

管理子系统设置在每层配线设备的房间内，是水平子系统和垂直子系统之间的桥梁，主要包括用于 UTP 跳线、连接主干的配线架和光纤跳线等主要部分。

7.3.3　设备间子系统

设备间子系统是由设备间电缆、跳线架及相关的支撑硬件等组成的系统，主要是对楼宇网络进行管理和信息交换。因为设备间铺设有大量的光纤和网线，在进行设计时，要重点从管理方便的角度进行考虑，力争做到后期维护的易管理性和方便性。

7.3.4　垂直干线子系统

垂直干线子系统主要是指楼宇中主设备间与各层管理间之间的干线电缆或者光缆等。电缆或者光缆的两端分别连接在主设备间与各层管理间的跳线架上，包括开放型和封闭型两种。

7.3.5　建筑群子系统

建筑群子系统由连接各楼宇之间的线缆、楼宇配线设备和相关跳线等组成。主要的传输介质是电缆和光缆。建筑群子系统布线包括地下管道敷设方式、直埋沟内敷设方式和架空方式等三种敷设方式。

7.3.6 水平子系统

水平子系统也称为配线子系统，各子系统常用的布线产品和设备主要包括信息插座、跳线、双绞线（UTP）、理线架和配线架等，详见图 7.3。通过双绞线将干线子系统的线路延伸到用户工作区，并端接在信息插座上和楼层配线间的跳线架上。安装完成后，水平子系统一般不发生变化，位置相对固定。

图 7.3 综合布线子系统对应的主要布线产品

序号	子系统	主要布线产品	用到的主要安装设备
1	工作区子系统	信息插座（RJ45 型信息插座、光纤插座）、跳线、插座盒	打线器、剥线钳、网线钳
2	管理子系统	机柜、机架、配线架、理线架	打线器
3	设备间子系统	机柜、机架、配线架、理线架	打线器
4	垂直干线子系统	双绞线、光纤	打线器、剥线钳、网线钳、熔纤机
5	建筑群子系统	机柜、机架、配线架、理线架	打线器、剥线钳、熔纤机
6	水平子系统	双绞线、光纤跳线	打线器、剥线钳、网线钳

7.4 数据中心综合布线系统的组成

根据《数据中心电信基础设施标准》（TIA-942）的描述，数据中心内的布线空间主要包含主配线区、水平配线区、区域配线区和设备配线区等。数据中心布线空间构成如图 7.1 所示。

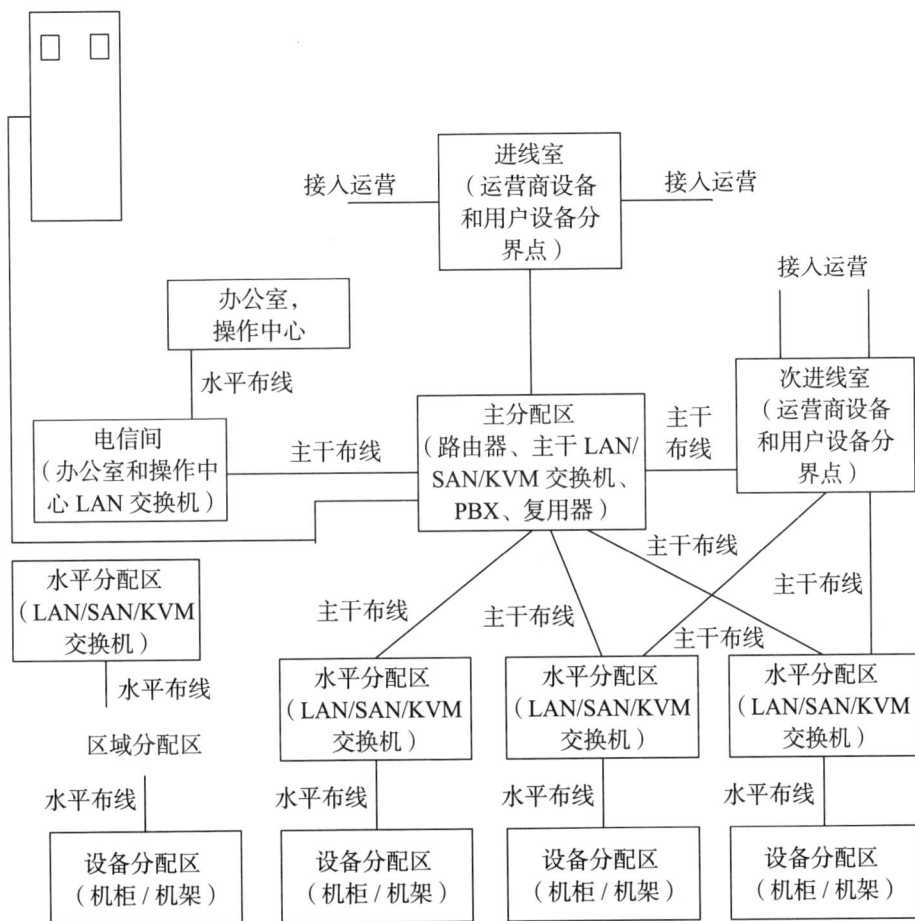

图 7.1 数据中心布线空间构成

7.4.1 主配线区

主配线区主要包括主交叉连接配线设备，是数据中心综合布线系统的中心点。如果设备直接连接到主配线区，主配线区还可能包含水平交叉连接设备。每个数据中心应该至少有一个主配线区，这个主配线区可以服务于本楼宇的中间配线区、水平配线区或者设备配线区，也可以为整个楼宇的办公区域、操作中心或者辅助区域提供服务和支持功能。

7.4.2 水平配线区

水平配线区主要包括为电子信息设备终端提供数据交换的交换机等，主要服务于楼宇中每个楼层的计算机机房。

7.4.3 区域配线区

区域配线区位于设备经常移动或者变化的区域，主要作用是为了获得水平配线区与终端设备之间更高的配置灵活性。

7.4.4 设备配线区

设备配线区主要指为安装服务器、交换机、计算机和其他设备等终端设备而分配的空间。每个设备配线区的机柜需要配置足够多的电源插座盒连接硬件。

7.5 本章小结

数据中心综合布线系统是数据中心设计中的重要环节，是数据中心可靠、稳定运行的基础之一。综合布线系统设计的好坏，对数据中心的网络带宽、走线美观与否、维护便利性等都有较重要的影响。为让读者了解、掌握数据中心综合布线系统的设计，本章主要从工作区子系统、管理子系统、设备间子系统、垂直干线子系统、建筑群子系统和水平子系统等六个子系统的介绍入手，阐述了数据中心综合布线系统的设计知识。

第8章

数据中心消防灭火系统

数据中心设计的最根本原则是安全可靠。数据中心一旦发生火灾，会直接影响数据中心固定资产的财产安全，更可能会对数据中心的数据安全造成无法挽回的严重后果。

8.1 设计标准规范

GB 50263–2007《气体灭火系统施工及验收规范》

GB 50116–2013《火灾自动报警系统设计规范》

GB/T 50016–2014《建筑设计防火规范》

GB 50166–2019《火灾自动报警系统施工及验收规范》

GB 50140–2005《建筑灭火器配置设计规范》

DBJ 15–23–1999《七氟丙烷（HF–227ea）洁净灭火系统设计规范》

GB 50222–2017《建筑内部装修设计防火规范》

8.2 标准规范中的相关规定

设计数据中心防火和灭火系统时，除参考《数据中心设计规范》（GB

50174-2017）外，也需要参考国家标准《建筑设计防火规范》（GB 50016）、《气体灭火系统设计规范》（GB 50370）、《细水雾灭火系统技术规范》（GB 50898）和《自动喷水灭火系统设计规范》（GB 50084）。国家标准规范《数据中心设计规范》（GB 50174-2017）中关于数据中心控制管理系统的要求，有以下规定："常用的气体灭火剂分为卤代烷和惰性混合气体，前者的典型代表为七氟丙烷（HFC-227ea），后者的典型代表为 IG-541。卤代烷的灭火机理是化学反应，惰性气体灭火机理是控制氧气浓度和窒息。气体灭火系统具有响应速度快、灭火后药剂无残留、对电子设备损伤小等特点。气体灭火系统自动化程度高、灭火速度快，对于局部火灾有非常强的抑制作用，但由于造价高，因此应选择火灾对机房影响最大的部分设置气体灭火系统。

对于空间较大，且只有部分设备需要重点保护的房间（如变配电室），为进一步降低工程造价，可仅对设备（如配电柜）采取局部保护措施，如可采用探火管自动灭火装置。"

细水雾灭火系统可实现灭火和控制火情的效果，具有冷却与窒息的双重作用。实践证明，自动喷水灭火系统是非常有效的灭火手段，特别是在抑制早期火灾方面，且造价相对较低，在北美地区普遍用于数据中心保护，也是 NFPA75、NFPA76 推荐的消防技术。预作用自动喷水灭火系统和湿式自动喷水灭火系统都可用于数据中心，但采用湿式自动喷水灭火系统时，应防止漏水等事故发生。当一个 A 级数据中心的数据业务可由另一个数据中心完成时，这个 A 级数据中心的主机房也可设置自动喷水灭火系统。"

关于消防灭火系统，对不同等级数据中心的消防灭火系统，国家标准规范中有不同的规定，详细的规定和描述见表 8.1。

表 8.1　不同等级数据中心对消防灭火系统的主要规定

空调制冷系统	A 级	B 级	C 级	备　注
主机房设置气体灭火系统	宜			
变配电、不间断电源系统和电池室设置气体灭火系统	宜			
主机房设置细水雾灭火系统	可			
变配电、不间断电源系统和电池室设置细水雾灭火系统	可			
主机房设置自动喷水灭火系统	可（当两个或两个以上数据中心互为备份时）	可		
吸气式烟雾探测火灾报警系统	宜		—	作为早期报警，灵敏度严于 0.01% obs/m

8.3　数据中心消防灭火系统

数据中心最常见的消防系统主要包括消火栓系统、水淋浴系统、高压细水雾系统和气体灭火系统等。

消火栓系统是楼宇消防的常规装置，是楼宇灭火的主要设备，其作用是保护楼宇，而非保护数据中心及内部电子信息设备。消火栓的安装、配置应该符合《建筑设计防火规范》和《高层民用建筑设计防火规范》等。

水喷淋系统和高压细水雾系统的灭火媒质都是水，具有高效、环保的特点。根据普通人的常识，如果水进入电子信息设备的电路板，电路板上面的电子元器件会产生故障，甚至是损坏。所以，虽然以水为媒介的灭火系统在欧洲、美洲的数据中心中有着较广泛的应用，但是在国内的应用却很少。目前中小型数据中心最常用的是气体灭火系统。以水为媒介的灭火系统多用于有人值守的工作区域的灭火。

安装气体灭火系统的数据中心应该同时安装火灾自动报警系统和气体自动灭火系统，并根据数据中心面积配备规定数量的手动消防器材。

8.3.1 火灾自动报警系统

火灾自动报警系统是智能化的火灾报警控制系统，当工作人员发现火灾隐患或者火灾发生后，系统能够第一时间向数据中心值班人员发出报警信号。在数据中心各个分区的房间天花板内、静电活动地板下和吊顶上等部位一般都安装烟感探测器和温感探测器。在楼宇消防监控室和数据中心内各分区明显位置都需安装声、光报警器，以做到报警警示无死角。同时，火灾自动报警系统需与数据中心的空调系统、新风系统、门禁系统和市电系统联动，具备自动打开相关分区的通道门门禁、切断市电供应、打开应急照明、手动或自动启动气体灭火系统的能力。

当数据中心内某一烟感探测器发出火灾信号时，报警控制盘和气体灭火单元上的相关分区的报警指示灯会亮起，但气体不会喷出。当同一位置的温感探测器也发出火灾信号后，声光报警器则会鸣响，自动灭火控制器开始启动、工作，进入延时阶段（延时时间可以设置，通常设置为30s左右），延时阶段主要用于疏散数据中心的工作人员和联动关闭相关的空调、市电，打开门禁等，延时过后，气体灭火系统的电磁阀自动打开，开始放气灭火。

8.3.2 自动灭火系统

自动灭火系统的气体最常用的是七氟丙烷。七氟丙烷是一种无色、无味、不导电、无二次污染的洁净气体灭火剂。自动灭火系统一般包括手动控制、自动控制和应急操作三种方式。一般面积较小的小型数据中心（一般认为小

于 $80m^2$ 左右），可以采用无管网方式设计、安装灭火系统，面积较大的中大型数据中心，其自动灭火系统必须铺设管网，做到数据中心内每个区域都有气体喷射管网。

1. 自动控制

数据中心内火灾发生后，火灾控制器接收到火情探测信号并由系统判断后，由报警和灭火控制系统发出声光报警，联动关闭相关的空调、市电，打开门禁及向系统下达灭火指令，延迟时间后，系统通电打开电磁启动器，继而控制喷头释放七氟丙烷气体对数据中心实施灭火。

2. 手动控制

当数据中心值守人员发现火灾或者火灾报警系统发出火灾信号，即可人为操作灭火控制盘上的手动灭火按钮。此时系统会联动关闭相关的空调、市电，打开门禁及向系统下达灭火指令，延迟时间后，系统通电打开电磁启动器，继而控制喷头释放七氟丙烷气体对数据中心实施灭火。通常情况下，数据中心门外需设置手动控制盒，手动控制盒内还需设置紧急停止按钮。按下紧急停止按钮，自动灭火系统会紧急停止。

3. 应急操作

如果火灾报警系统、灭火控制系统发生故障，不能正常使用。此时如果数据中心值守人员人为发现火情，因为气体灭火属于全淹没的灭火系统，对人体会造成毁灭性伤害，首先应通知数据中心内人员撤离数据中心，然后手动启动相关联动设备执行灭火系统进行灭火。

设计过程中需要注意的是，面积超过 $60m^2$ 及以上的数据中心应设置两个以上的消防逃生出口，并保证数据中心内各分区到消防逃生出口的道路通畅。同时，数据中心通道的显著位置应设置火灾应急事故照明和灯光疏散指示标志。

8.4 计算气体的设计用量

目前七氟丙烷的设计用量没有统一的规范要求,计算气体用量时,一般参考部分区域性法规或者设计标准。

根据标准《七氟丙烷洁净灭火系统设计规范》中的相关规定,可以利用的公式为:

$$W=k（v/s）*c/（1-c）$$

以方便计算七氟丙烷的设计用量。

公式中,W 表示数据中心所需气体的重量,单位为 KG;

k、s 为调整系数,通常情况下,k 取 1,s 取 0.13716;

v 表示灭火空间的体积,单位为 m^3;

c 表示灭火的浓度,不同场所灭火所需的七氟丙烷的浓度不同,对于数据中心而言,c 通常取 8%;

为方便起见,消防气体灭火系统厂家一般按照简化的公式进行大概计算,公式如下:

$$W=v*0.634$$

其中,W 表示数据中心所需气体的重量,单位为 KG;

v 表示灭火空间的体积,单位为 m^3。

8.5 设计案例

在 3.7 的设计案例中,拟对主数据中心、配电间及电池间设计采用七氟丙烷的气体消防灭火系统,运营商接入间、柴油发电机房间等区域设计采用普通灭火器。

根据计算公式,数据中心气体灭火的空间面积为 200+50+50=300m^2,气体灭火体积为 300×4=1200m³。所以七氟丙烷的设计用量为：

$$W=k（v/s）*c/（1-c）=760.78KG$$

根据厂家的产品规格选型，气体灭火系统可以配置 150KG 的钢瓶 4 个，90KG 的钢瓶 2 个。

8.6　本章小结

数据中心消防系统设计的合适与否，将直接关系到数据中心电子信息设备和操作值守人员的安全。本章从相关标准规范入手，介绍了火灾自动报警系统和自动灭火系统的相关知识，并从实际操作角度，为读者提供了气体灭火系统气体用量的详细计算公式和设计方法。

第9章

数据中心机柜系统

数据中心机柜系统是承载电子信息设备的主要装置。目前常用的机柜既有普通服务器机柜和交换机机柜，也有模块化机柜。

9.1 设计标准规范

GB/T 25294-2010《电力综合控制机柜通用技术要求》

GB/T 22764.1-2008《低压机柜 第1部分：总规范》

GB/T 15395-1994《电子设备机柜通用技术要求》

9.2 标准规范中的相关规定

根据国家标准《电子设备机柜通用技术条件》（GB/T 15395-1994）的要求，机柜的宽度通常以英寸为单位，标准尺寸为19英寸，高度以U为单位。目前最常用的服务器机柜为19英寸，内部高度一般为42U。深度最常见的尺寸为900~1200mm，示意图见图9.1。

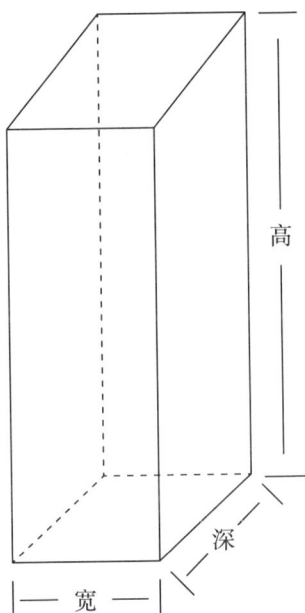

图 9.1　机柜示意图

9.3　数据中心机柜及其布置方式

9.3.1　数据中心机柜

　　一个标准的 42U 机柜留给服务器的空间大约为 36U，按照普通 2U 服务器的功率约 250W 计算，机柜装满服务器的情况下可以安装 18 台服务器，单个机柜的功率约为 4.5kW 左右。据不完全统计，目前 3kW 左右的机柜占比仍然较大。主流的机柜功率以 4~6kW 为主，占比约 43%。功率在 6kW 以上的机柜占比为 32% 左右。10kW 以上的高密度机柜占比不多，但是随着云计算、大数据等的快速发展，服务器、大容量存储等电子信息设备的更新，尤其是机架式、刀片式服务器的大量应用，高密度机柜的应用会越来越多，占比会越来越大，机柜内供电、散热、布线管理的复杂程度越来越高，难度越来越大。高密度机柜的供电、散热、承重和布线管理等问题对数据中心机柜系统提出了越来越高的要求。市场上，有部分机柜通过在传统机柜内加装风扇，加大对机柜内的送风量以解决电子信息设备散热问题。目前传统机柜大多应用于小型数据中心中。近几年，机柜各大厂商都在主推模块化冷通道系统。模块化冷通道系统就是将数据中心中的机柜、供配电系统、暖通系统、综合布线系统、消防系统、安保系统、动环监控系统、智能化运维系统等产品各自形成一个单独的封闭空间。每个产品可以看成一个模块，即相互独立，又相辅相成，像搭积木一样，根据需求进行产品的选择和组合，最终形成一个功能完整的一体化产品。

如果数据中心采用的是活动静电地板送风的制冷方式，则冷通道的基本组成见图 9.2。

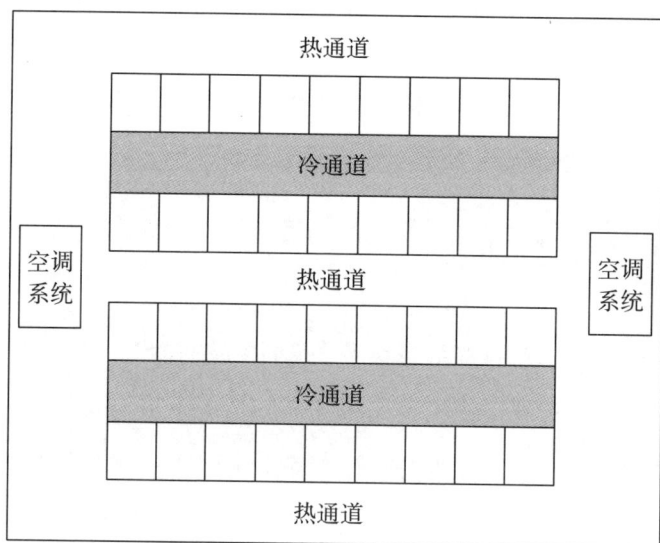

图9.2　活动静电地板送风制冷方式示意图

如果数据中心采用的是列间精密空调制冷系统，则冷通道模块系统的基本组成如图 9.3 所示。

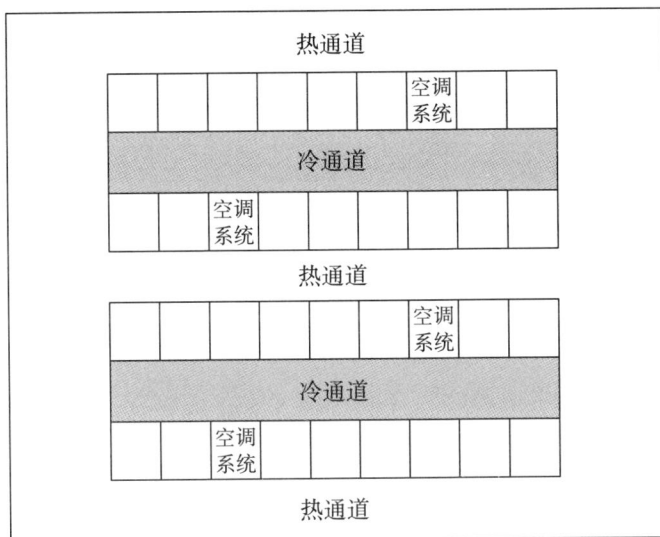

图 9.3　列间空调系统送风制冷方式示意图

　　机柜前后门多采用高通孔率的网孔门。为了提高机柜内设备的散热量，机柜内通常还可以设计加装气流隔离、导流附件装置等附件，隔离冷热气流，减少气流阻力，以提高机柜的散热量。机柜内必须配备专业的电源插座（PDU）。机柜的静态承重一般设计要求 800kg 及以上。

　　机柜内设备发热量不同，所需的风量也不同，此外风量的大小还和机柜进出风温差有关，允许的进出风温差越大，机柜所需的风量也就越小。机柜进风量的要求，可以参考表 9.1。

图表 9.1　在不同进出风温差时的风量需求

△T: 温差（K）	1kW 热量对应风量（m³/h）
6	498
7	426
8	373
9	332
10	299

续表

△T: 温差（K）	1kW 热量对应风量（m³/h）
11	271
12	249

注：计算公式为 V=3600×Q/（C×P×△T），其中 V 表示风量，单位为 m³/h；Q 表示发热量，单位为 kW；C 表示空气密度，取值为 1.2kg/m³；P 表示空气比热容，取值为 1.005；△T 表示进出风温差，单位为℃。以上数据均为在标准大气压取值。

9.3.2　机柜的布置

由于目前机柜大多采用前进风后出风的方式，所以机柜的摆放有两种方式：一种是机柜朝向一致的摆放方式，另一种是面对面背对背的摆放方式。对于小型数据中心，单机柜热量为低热密度数据中心，两种摆放方式都可以。

对于单机柜热量为中高热密度的数据中心，机柜布置宜采用面对面和背对背的方式。这种摆放方式可以形成冷热通道布局，避免前排机柜排出的热风对后排机柜造成影响，冷热空气相对分离，避免了冷热气流的混合，冷量利用率相对较高，能耗表现较优秀。目前市场上较流行的冷通道模块系统就是采用面对面和背对背的方式摆放机柜。

9.4　本章小结

数据中心机柜系统作为承载电子信息设备的载体，其重要程度不言而喻。为读者了解数据中心机柜系统的设计要点，本章对数据中心机柜的尺寸、布置方式、位置等基础知识进行了介绍。

第10章
数据中心控制管理系统

数据中心的环境设备或子系统（如 UPS 电源系统、精密空调系统、消防系统等）为服务器、网络设备等硬件系统提供了正常的运行环境。如果数据中心环境设备发生故障，就会影响到数据中心的正常运行，会对数据传输、存储、服务提供乃至整个系统运行的可靠性构成威胁，若故障没有得到及时有效的处理，就可能造成严重后果。因此，为了保证数据中心运行的安全性和稳定性，需要对数据中心内 UPS、精密空调、温度、湿度、漏水、消防等系统监控及环境进行集中监控和管理。

10.1 设计标准规范

GB/T 51409-2020《数据中心综合监控系统工程技术标准》

GB 50174-2017《数据中心设计规范》

GB 50462-2015《数据中心基础设施施工及验收规范》

GB 50303-2015《建筑电气安装工程施工质量验收规范》

GB 50339-2016《智能建筑工程质量验收规范》

GB 50348-2018《安全防范工程技术规范》

GB 50198-2011《民用闭路监视电视系统工程技术规范》

10.2 标准规范中的相关规定

国家标准规范《数据中心设计规范》（GB 50174–2017）中关于数据中心控制管理系统的要求，有以下规定："总控中心接入的信号有设备和环境监控信息、能源和能耗监控信息、安防监控信息、火灾报警及消防联动控制信息、业务及应急广播信息、气流与热场管理信息、KVM 信息、资产管理信息、桌面管理子信息、网络管理信息、系统管理信息、存储管理信息、安全管理信息、事件管理信息、电子信息服务管理信息、会议视频和音频信息、语音通讯信息等。总控中心作为数据中心的重要组成部分，为数据中心的运行维护和灾备演练提供工作场所及管理手段，通过使用文字、图像、声音信息，以及其他控制信号，对数据中心基础设施和电子信息系统实时运行状态进行监控。"针对不同等级的数据中心，国家标准对控制系统进行了不同的规定，详见表 10.2。

表 10.2 不同等级数据中心对控制管理系统的主要规定

项　目	A 级	B 级	C 级	备　注
空气质量	粒子浓度			离线定期检测
空气质量	温度、露点、压差		温度、露点	在线检测或通过数据接口将参数接入机房环境和设备监控系统中
漏水检测报警	装设漏水感应器			
强制排水设备	设备的运行状态			
集中空调和新风系统、动力系统	设备运行状态、滤网压差			
机房专用空调	状态参数： 开关、制冷、加热、加湿、除湿、水阀开度、水流量。 报警参数： 温度、相对湿度、传感器故障、压缩机压力、加湿器水位、风量			

项　　目	A 级	B 级	C 级	备　　注
供配电系统	开关状态、电流、电压、有功功率、功率因数、谐波含量、电子信息设备用电量、数据中心用电量、电能利用效率		根据需要选择	
不间断电源系统	输入和输出功率、电压、频率、电流、功率因数、负荷率；电池输入电压、电流、容量；同步 / 不同步状态、不间断电源系统 / 旁路供电状态、市电故障、不间断电源系统故障		根据需要选择	
电池	监控每一个蓄电池的电压、内阻、故障和环境温度	监控每一组蓄电池的电压、故障和环境温度	–	
柴油发电机系统	油箱（罐）油位、柴油机转速、输出功率、频率、电压、功率因数		–	
主机集中控制和管理	采用带外管理或 KVM 切换系统		–	

10.3　控制管理系统的功能和组成

10.3.1　控制管理系统的功能

控制管理系统作为数据中心管理信息系统的核心系统，主要由管理软件和若干智能探测、监控设施设备组成。控制管理软件应具有良好的可视化界面，提供全面的管理功能，主要实现对数据中心配电系统、环境系统、消防系统和安保保卫系统等的监控、管理和报表查询等功能，为数据中心发生的故障提供报警，为数据中心的安全、稳定运行提供保障。主要功能包括：

监控功能：通过温湿度采集器和探测器、门禁系统、视频摄像头等设备实时采集各种信号信息，并对采集到的信号进行分析、可视化展示和预警等。

知识库功能：是实现对数据中心内配电系统、环境系统、消防系统和安保系统等设备设施运维手册、应急预案、运维工具等相关软件和文档进行自动扫描和入库，并实现运维、监控、管理等资料的增减、修改、查询和下载等功能。

管理、报表查询和统计功能：通过采取相应策略，实现对数据中心的资产、能耗、工单、容量等功能的可视化管理。根据监控设施设备收集到的信息，经过控制管理系统的自动分析和统计，提供对数据中心各项数据中心相关运行数据的报表查询和下载功能。随着大数据技术的发展，数据分析决策已成为趋势。很多管理人员将重心放在业务管理工作上，忽略了报表的重要性。如果没有一个系统的报表，就不会体现数据的价值。报表是数据中心运行的数据信息来源，是了解数据中心运行状况，并据此做出相关决策的重要依据。

可视化是衡量控制管理系统功能是否完善的重要指标之一。可视化技术主要是实现数据可视化、场景可视化，以提升数据中心的功率效率和数据中心的整体掌控力。主要包括基础环境可视化、资产可视化、空间热场可视化、管理可视化、预警可视化和安防可视化等功能。

10.3.2　控制管理系统的组成和框架

控制管理系统的基本组成结构图如图 10.1 所示。

控制管理系统主要是实现对包括配电系统、环境系统、消防系统和安保系统等数据中心主要系统的监控和报警，确保报警信息能够第一时间被数据中心值班人员发现和处置。

1. 配电系统

配电系统是控制管理系统监控的主要范围之一，包括不间断电源（UPS）、配电柜、电力仪表、自动切换开关（ATS）、断路器和防雷器等。

配电系统
UPS 系统、配电柜、电力仪表、自动切换开关（ATS）、断路器和防雷器等

环境系统
空调制冷系统、新风系统和温湿度监测等

消防系统
烟雾传感器、温度传感器、湿度传感器和水浸传感器等

保安系统
门禁系统、视频监控系统和防盗设备等

知识库
运维手册、应急预案、运维工具等资料入库、修改等

报表查询
相关数据的报表查询、下载

控制管理系统

管理
资产、能耗、工单、容量管理等

远程维护

远程监控

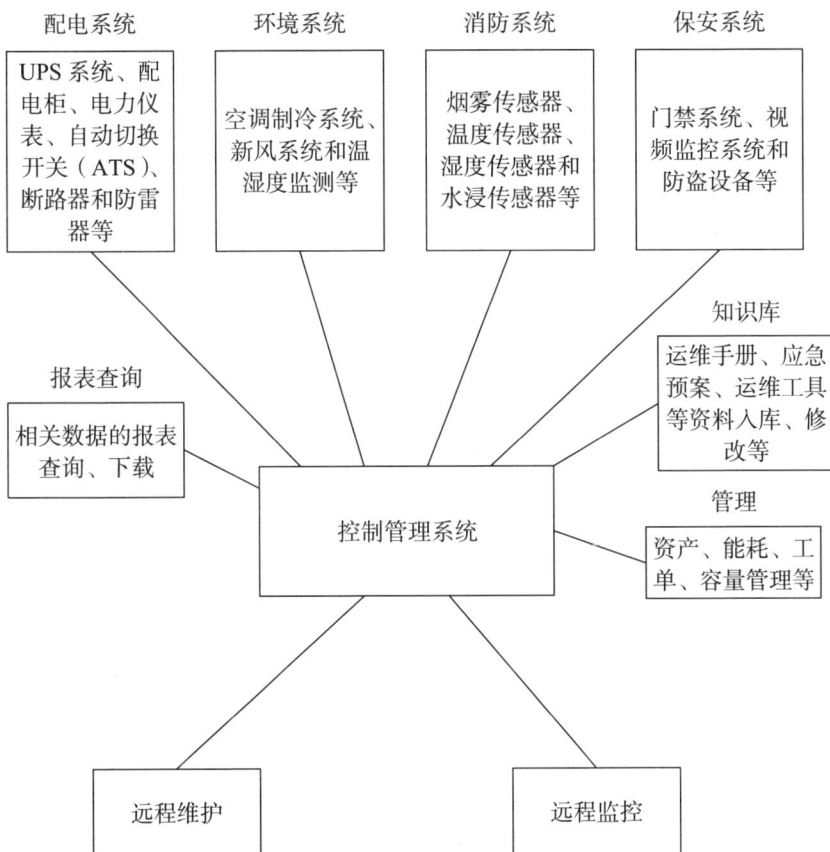

图 10.1　控制管理系统的基本组成结构图

2. 环境系统

环境系统是控制管理系统监控的主要范围之一，主要是指实现对空调制冷系统、新风系统和温湿度等环境的监测。

3. 消防系统

消防系统主要包括各类传感器（烟雾传感器、温度传感器、湿度传感器和水浸传感器等），以实现各类消防安全隐患的智能报警和智能照明等功能。

4. 安保系统

安保系统主要包括门禁系统、视频监控系统和防盗设备等。门禁系统包括通道级门禁系统和机柜级门禁系统，实现对进出密闭通道的人员和开关机

柜的监控和记录。视频监控系统主要由摄像机硬盘及配套附属线路等组成，提供实时视频监控、录像存储、录像回放和预警报警等管理功能。

10.4　本章小结

控制管理系统是数据中心健康、稳定运行的主要监控系统之一。本章主要对数据中心控制管理系统的组成和功能进行了简单的阐述，读者在进行控制管理系统的设计时，在基本组成的基础上，要根据本单位的实际需求，详细梳理控制管理系统的功能需求，然后根据梳理的需求进行定制开发和设计，以实现对数据中心的全面监控。

第11章

数据中心屏蔽体系统

电磁辐射是能量以电磁波形式发射到周围环境空间的现象。电磁辐射普遍存在于大自然和日常工作中，来源广泛。随着电子信息技术的发展，电子产品在生活、工作中随处可见，电子产品产生的电磁辐射成为主要来源之一。同样，数据中心内的电磁辐射来源也非常广泛，既有来自于数据中心周围环境的移动基站、高压电线、无线电发射设备、雷电等，也有来自数据中心内的配电箱、高频开关电源、大功率电动机、空调设备、各种电子设备等。电磁辐射的大小，取决于频率的高低。电磁频率愈高，其能量就愈大。电子信息设备需要在小于一定强度的电磁环境下才能正常工作，为了消除数据中心电磁辐射对设施设备和人员安全造成的危害，数据中心屏蔽体系统就应运而生了。电磁屏蔽室的建设主要分为现场勘查测量、前期规划设计、标准化设计、屏蔽体建设施工、承建单位（公司）自检调试、内部装修、国家权威检测机构检测、竣工验收等过程。如果不了解电磁屏蔽室的概念、用途、屏蔽效能等级等，甚至不了解电磁屏蔽室建设的主要过程，往往投入较多经费却难以取得预期的建设效益。

11.1　设计标准规范

GB 50174-2017《数据中心设计规范》

GB/T 12190-2006《电磁屏蔽室屏蔽效能测量方法要求》

GB 50462-2015《数据中心基础设施施工及验收规范》

BMB 3-1999《处理涉密信息的电磁屏蔽室的技术要求和测试方法》

11.2　国家标准规范中的相关规定

我国在屏蔽体建设和检测方面主要有两种标准。一个是国家保密标准《处理涉密信息的电磁屏蔽室的技术要求和测试方法》（BMB 3-1999），该标准将屏蔽室分为 A 级、B 级、C 级，屏蔽效能最高的是 C 级，最低的是 A 级，由国家保密技术测评中心负责检测和定级。企事业单位通常按照此标准进行设计、建设。另一个是军用标准，国防领域单位大多按照此标准进行设计及检测验收。《数据中心设计规范》（GB 50174-2017）中关于屏蔽体系统的要求，有以下规定："设有电磁屏蔽室的数据中心，结构荷载除应满足电子信息设备的要求外，还应考虑金属屏蔽结构需要增加的荷载值。根据调研，需要增加的结构荷载与屏蔽结构形式及屏蔽室的面积有关，一般在 $1.2kN/m^2$~$2.5kN/m^2$ 范围内。滤波器、波导管等屏蔽件一般安装在电磁屏蔽室金属壳体的外侧，考虑到以后的维修，需要在安装有屏蔽件的金属壳体侧与建筑（结构）墙之间预留维修通道或维修口，通道宽度不宜小于 600mm。电磁屏蔽室的接地采用单独引下线的目的是为了防止屏蔽信号干扰电子信息设备，引下线一般采用截面积不小于 $25mm^2$ 的多股铜芯电缆。主机房和辅助区内的无线电骚扰环境场强在 80MHZ~1000MHZ 和 1400MHZ~2000MHZ 频段范围内不应大于 130dB（μv/m）；工频磁场场强不应大于 30A/m。"

11.3　屏蔽的原理和性能

11.3.1　屏蔽原理

电磁辐射看不到、摸不着。电磁屏蔽是利用屏蔽体来阻挡和减少电磁能量传输的一种技术，通过屏蔽可以防止外来的电磁能量进入某一区域，避免区域内部的敏感电子信息设备受到干扰，同时限制区域内部辐射的电磁能量进入外部区域，避免电磁干扰影响外部周围环境。屏蔽体采用的金属材料大多是钢板。

由于金属板（网）对入射电磁波的吸收损耗、界面反射损耗和金属板内反射损耗，使其电磁波的能量大大的减弱，而使屏蔽体产生屏蔽作用。当数据中心外部或者内部的电磁波到达屏蔽体表面时，由于钢板与空气的交界面上的阻抗不连续，屏蔽体表面会对入射波产生反射。未被表面反射的电磁波会进入屏蔽体内，在体内向前传播的过程中，被屏蔽材料所吸收、衰减。在屏蔽体内尚未吸收、衰减掉的剩余电磁波传到材料的另一表面时，遇到空气和钢板阻抗不连续的交界面，会再次形成反射，并重新返回屏蔽体内。这种反射过程在两个交界面上可能会形成多次反射。经过多次反射后，电磁波能量被吸收、衰减到了足够小的程度。屏蔽体系统屏蔽效能的高低主要取决于两个方面：一个方面是屏蔽体表面必须是导电连续的。整个屏蔽体系统表面必须是导电连续的和不能有直接穿透屏蔽体的导体两个因素。由于屏蔽体表面不同部分结合处会形成不导电缝隙，这些不导电的缝隙就会产生电磁泄漏。解决这种泄漏的主要做法是在缝隙处填充导电弹性材料，以消除不导电点。另一个方面是不能有导体直接穿透屏蔽体。

11.3.2　屏蔽性能

屏蔽效能是刻画屏蔽体系统屏蔽性能的主要指标，屏蔽效能越高，说明屏蔽体屏蔽性能越好。

在谐振频段为 20MHZ~300MHZ 的情况下，通常用电场强度或者功率的形式来表示屏蔽效能，其计算公式为：

$$Sq=E0q/E1q$$

其中，Sq 表示屏蔽效能；

E0q 表示没有屏蔽体时空间某点的电场强度（磁场强度）；

E1q 表示有屏蔽体时被屏蔽空间在该点的电场强度（磁场强度）。

在屏蔽效能的计算与测试中，往往会遇到场强值相差过于巨大的情况，为了便于计算和表达，通常采用对数进行计算，公式为：

$$SEq=20lg（E0q/E1q）$$

11.4　电磁屏蔽的措施

电磁辐射的危害较多、影响较大，具体设计、建设过程中，可通过技术措施，有效消除电磁辐射对数据中心运行的影响。

1. 在楼宇施工技术上采取措施

数据中心所在的楼宇结构中含有混凝土钢筋、金属门窗、金属屋面和护拦等许多金属部件。在进行楼宇设计时，如果能将这些自然金属部件在电气上连接在一体，就可以形成一个立体屏蔽网，从而实现对楼宇的屏蔽。这种楼宇的自然屏蔽能对楼宇外部侵入的各种辐射形成一个屏蔽网，从而减缓对内部敏感设备的电磁冲击。楼宇建设初期就应对楼宇的金属网进行考虑，一旦楼宇建成，内部构造一般很难发生改变。

2.在接地技术上采取措施

设计施工时，数据中心内部电子信息设备必须接地，尤其是直流电源电子设备更为敏感，必须做到完全接地。数据中心里的光缆、电缆等也需要安装保护接地。良好的接地条件，可以保证雷电和电力线上产生的浪涌电流、感应电流以及静电电流等经过接地系统及时得到释放，可以有效消除电磁辐射。

3.在设备屏蔽技术上采用措施

随着电子元器件研究技术的进步，现在服务器、交换机等电子信息设备本身都具备一定的抗辐射能力。除了重要的数据中心需要建设屏蔽体系统，对整个数据中心内的设施设备进行保护外，很多对电磁辐射敏感的电子信息设备还可以增加单独的封闭金属层，以消除其电磁辐射的影响。

数据中心建成后，随着周围环境的变化及内部电子信息设备的增加，电磁辐射的能量也会发生变化，数据中心的电磁屏蔽是一项长期的维护工作，需要周期性地对内部和外部环境进行检查和监测，以做到能够及时发现隐患，及时采取措施，保证数据中心的稳定、安全运行。

11.5　电磁屏蔽系统的分类

屏蔽室内的主要设施设备是处理涉密或者敏感信息及电子侦听的电子设备，主要应用在涉密数据中心、涉密办公室、涉密会议室等，以及党政、军工企业、军警机关等事业单位。目前抑制电磁辐射泄露最有效的手段是电磁屏蔽系统，按照使用用途进行分类，电磁屏蔽系统主要分为三类。

1.防止信息泄露类屏蔽室

这类屏蔽室主要是保证信息系统和计算机系统的信息安全，防止屏蔽室内涉密信息因电磁辐射而引发泄露。

2. 隔离强辐射设备类屏蔽室

这类屏蔽室主要是通过屏蔽室，隔离强辐射计算机和电子信息设备，避免强辐射对周围环境和人造成的电磁污染和伤害。适于建设在远离密集人群生活和工作的环境，屏蔽室内的关系单位是可能会对周围环境和人群造成强辐射的电子产品，主要应用有高辐射医疗设备室、变电站屏蔽室等。

3. 建设特定电磁环境类屏蔽室

这类屏蔽室主要是为了营造特定的电磁环境要求，通过屏蔽室将室内电磁干扰衰减到特定满足要求的程度。适于建设在远离电磁干扰的环境中，屏蔽室内的关系单位是需要特定环境才能正常工作的电子设备或者需要特定环境才能实现精准测量的电子设备等，主要应用有电磁兼容实验室、仿真测试实验室、天线测试实验室和高压测试实验室等。

11.6 屏蔽体设计与结构

11.6.1 屏蔽体设计

电磁屏蔽室是根据"法拉第笼"原理，通过建造的六面钢板结构房间，利用钢结构板材对电磁波的反射和吸收，阻断大部分的电磁辐射，同时对所有进出钢结构房间的线路、通风口等部位采取相应的屏蔽措施阻断电磁波的辐射，达到屏蔽室设计的抗干扰性能。电磁屏蔽系统主要包括屏蔽室主体、屏蔽门、通风窗口、电源与信号线的进出口、设备管路的进出口、分项屏蔽系统、接地系统、消防报警系统等。

目前市面上，最常见的屏蔽系统类型包括焊接式电磁屏蔽室和装配式电磁屏蔽室。而焊接式屏蔽系统是目前使用最广泛的屏蔽室，由于采用了结构更稳定的焊接形式，屏蔽效能是最高的。焊接式屏蔽室一般采用冷轧钢板与龙骨框架焊接而成,顶部和侧壁钢板厚度为 2mm,底部钢板厚度为 2.5mm~3mm。标准单元板直接贴附在龙门框架的安装平面上,两个相邻单元间采用二氧化碳保护焊(或者氩弧焊)焊接技术进行焊接拼装。屏蔽壳体结构采用方钢管以"井"字形式焊接组成。地梁架与基建地面用垫绝缘垫板做绝缘处理。每块屏蔽钢板、立柱、大梁、地梁、结构副梁在加工后均刷涂防锈漆,在安装现场焊接完成之后,所有焊缝处再补刷防锈漆。焊接式电磁屏蔽室的整体导电连续性最佳,屏蔽效能等级和稳定性最高,可满足特殊标准的最高要求。

装配式电磁屏蔽室一般选择厚度为 1.5mm~2mm,具有良好导电性和导磁性的优质镀锌钢板,经过模压成型,外表面经过静电喷塑装饰,模块间的连接形式采用螺栓连接专用一体化导电衬,模块拼接缝处通过与专用一体化导电衬的柔性耦合形成连续射频电磁密封,从而保证了模块接缝与板体具有同等屏蔽效能。近年来,通过采用高镀锌层的冷轧钢板、加大各模块间接触面积等工艺保障措施,装配式电磁屏蔽室的屏蔽效能也可达到特殊标准的最高要求。

装配式电磁屏蔽室适用于面积较小的屏蔽室,与焊接式电磁屏蔽室相比,在自重、拆卸后重复使用、建设周期、施工整洁度、对周围环境的噪音污染等方面都有优势,但是对板体的加工精度和安装工艺要求较高,屏蔽效能、屏蔽稳定性等方面稍差。

11.6.2　滤波器的设计

滤波器是由电感、电容、电阻或铁氧体器件构成的频率选择性二端口网络。屏蔽室使用的滤波器分电源滤波器和信号滤波器两种,通常采用多级结构,用于电源和低频信号的过壁处理。滤波器的作用是双向的,在屏蔽室使用时,既可以防止屏蔽体内涉密信息沿线路泄露出屏蔽体外,又可以防止外界干扰沿线路干扰内部设备正常工作。

电源滤波器串联在进入屏蔽设施的电源线中，用以阻断沿电源线传输的高频电磁信号。根据进出屏蔽室的各类电源容量，配置相当容量的高性能电源滤波器，插入损耗应与屏蔽室整体屏蔽效能指标相适应。

11.6.3　屏蔽门的设计

屏蔽数据中心的门是数据中心最大的空洞，并经常开关，门的缝隙是屏蔽数据中心泄露电磁波的重要环节。因此，设计屏蔽门必须采取先进措施，要考虑每个技术细节，使之设计合理，施工中要特别注意保证质量。屏蔽门是屏蔽室唯一活动的部件，是影响屏蔽室整体屏蔽效能的关键因素，其技术含量较高，材料特殊，工艺极其复杂。屏蔽门框和屏蔽室主体钢板模块间同样需要采用标准紧固件和高效传导衬套进行配套安装，通过利用门框簧片与门板上的"刀"进行压接，从而使泄露的电磁波的路径增大，达到屏蔽电磁波的目的。屏蔽门的关键是屏蔽性能指标的稳定性和时效性、开门的轻便型、电气的可靠性。按照屏蔽门运动方法不同，可以分为插刀式和平移式；按照开启方式的不同，分为手动开启屏蔽门、电动屏蔽门和全自动屏蔽门。按照要求，屏蔽门屏蔽效能不能低于屏蔽室主体的屏蔽效能。

插刀式屏蔽门是指门与门框的密封通过密封插刀与弹簧片来实现屏蔽，插刀数、簧片排数增加时，门的屏蔽效能提高，门的开闭和压紧通常情况下由手动连杆结构实现，弹簧片通常安装于门框上，与密封刀配合，不但要求弹簧片能保持接触面的射频屏蔽的完整性，而且要求它能够提高跨配合表面良好的接触性，这种形式的屏蔽门使用寿命长，结构设计合理，便于维护，实际应用较多。

平移式屏蔽门是指在门的四周组装压紧簧片，门框组装导电性能良好的紫铜皮，靠压紧簧片与紫铜皮的接触达到屏蔽的目的，这种形式的屏蔽门工艺要求比较高，所以实际应用较少。

屏蔽门的结构一般是双层薄钢板弯制成型的焊接结构。

屏蔽门的零件加工后，为了保证屏蔽门的质量、配合紧密，零件必须进行酸洗，两层钢板成型后分别做整体镀锌纯化处理，插刀、簧片进行酸洗，保证锡焊密封，凡有螺钉固紧连接处也都需要固紧后用锡焊接封严。屏蔽门的开关把手需在双层钢板之间加上套管，使门的把手从套中穿过，杜绝由把手孔造成的电磁泄露隐患。

11.6.4　波导窗的设计

数据中心屏蔽体一般采用强迫通风，墙壁上的通风窗口是不可少的，但却使屏蔽效能急剧下降。为了更好地解决屏蔽体通风问题，通风装置必须采用波导窗来实现。

波导管与数据中心屏蔽体外的通风管道的连接处必须采取良好的绝缘措施。

凡进出数据中心屏蔽体的各类电源线、信号线（控制线、数据线、电话线、光纤等）都是电磁泄漏的重要部位，均需经相应的滤波器接入数据中心屏蔽体内。

进户电源线都必须经过电源滤波器滤波，滤波器外壳与屏蔽数据中心的钢板层必须采取可靠的电气连接。

11.7　本章小结

屏蔽体系统多用于政府、国防、军工等对安全保密要求较高的部门或者企业。屏蔽体系统是由六面龙骨框架的金属壳体组成，主要包括屏蔽壳、滤波器、屏蔽门、波导窗和波导管等。本章介绍了屏蔽体的屏蔽原理和屏蔽性能，让读者对屏蔽体系统有了比较直观的理解，并从屏蔽壳、滤波器、屏蔽门、波导窗和波导管的角度，详细阐述了屏蔽体系统的整体设计思路和方法。屏蔽体系统设计、建设的质量优劣，将直接决定数据中心的整体屏蔽性能和后期运维效率。

第12章

建设组织过程管理

数据中心整体设计完成后，会进入数据中心建设招标采购、施工环节。施工阶段是保证数据中心建设质量的重要环节，施工组织和工艺的科学合理、过程管理的规范都是保证数据中心建设质量的有力保证。因此，学习施工组织管理和工艺要求对提高读者设计数据中心的相关能力至关重要。

12.1 设计标准规范

GB 50174-2017《数据中心设计规范》

GB 50462-2015《数据中心基础设施施工及验收规范》

GB 50303-2015《建筑电气安装工程施工质量验收规范》

GB 50339-2016《智能建筑工程质量验收规范》

GB 50348-2018《安全防范工程技术规范》

12.2 国家标准规范中的相关规定

国家标准规范《数据中心基础设施施工及验收规范》（GB 50462-2015）对数据中心基础设施的施工和各子系统提出了具体的要求，对施工要求有如下重要规定："施工单位应按审查合格的设计文件施工，设计变更应有批准的设计变更通知。施工中的安全及防火措施、劳动及环境保护措施应符合国家现行有关标准的规定。对改建及扩建工程的施工、需改变原建筑结构及超过原设计荷载时，必须具有确认荷载的设计文件。隐蔽工程施工结束前应检查和清理施工余料和杂物，验收合格后方可进行封闭，并应有现场施工记录和相应影像资料。在施工过程中或工程竣工验收前，应做好准备、材料及装置的保护。"标准对监控系统、装饰装修、给排水系统、防雷和接地系统、综合布线系统、空调系统、配电系统、电磁屏蔽系统及综合测试和竣工验收组织过程等都进行了较详细的规定。

12.3　施工组织

数据中心各分包施工单位要制定严格的时间进度表，如果数据中心的规模为中型数据中心，一般需要聘请监理公司全程对各分包建设单位的施工过程进行监督、协调。尤其是对于有屏蔽体的数据中心而言，由于屏蔽体系统的壳体、滤波器、屏蔽门、波导窗等需要特别的施工工艺，壳体不允许有孔洞，监理公司对各单位的交叉施工的监督、协调就显得更加重要。监理公司需要对各单位的施工程序进行监督。施工程序是指在数据中心整个施工阶段必须遵循的顺序，一般是指各施工单位从签订合同、制订交叉施工流程、组织施工，到竣工验收的先后顺序，通常被分为四个阶段。

1. 签订合同

施工合同是建设单位的招标结束后，建设单位和施工单位之间根据相关法律和有关规定及双方的约定，签订的具有法律效力的合同文件。

2. 制定施工计划

合同签订后，施工单位要将整个数据中心的建设任务进行分解，部署施工力量进场，安排施工总体进度，分别拟定施工计划。各单位要在监理公司的监督、协调下，使各单位密切配合，做好交叉施工计划。

3. 做好施工准备工作

施工准备工作是保证施工质量的重要环节。施工准备工作主要包括技术准备、物资材料准备、施工力量准备和施工现场准备等。技术准备包括施工图纸、施工预算和施工计划等的准备，也包括编制施工管理目标、施工组织部署、施工进度计划及工期保证措施、施工质量目标和保证措施、施工技术措施、文明施工和安全生产防护措施、施工机械配置、施工合理化建议和降低成本措施、工程质量通病防治措施等诸多方面文件。物资材料准备包括数据中心实施、设备、土木材料、装修装饰材料和半成品材料等的准备。施工力量主要指施工项目经理、施工技术人员、施工劳动力等的配备。施工现场准备主要是准备施工工具、现场施工测量等的准备。所有准备工作准备完毕后，即可向建设单位提出开工申请。

4. 全面组织施工

施工必须在准备工作完毕，得到建设单位批准后开始，各施工单位要严格按照施工图纸和相关规定，完成各分项施工任务。对于存在多个单位交叉施工的环节，监理公司要加强现场指挥、调度、协调，确保交叉施工环节按照计划顺利、安全地实施完毕。

5. 竣工验收

数据中心的竣工验收是对数据中心施工内容和质量的一次检查和验收。只有竣工验收的数据中心才能投入使用。验收工作应该由建设单位牵头，联合监理公司和施工单位共同组织。要严格按照合同要求、内容进行验收，验收合格后才能办理验收手续。如果数据中心是屏蔽数据中心，则需由国家行政机构或者国家授权的第三方有检测资质的机构出具检测报告。相关验收资料、检测报告、数据中心使用手册等由建设单位归档管理备查。竣工验收之前，一般需要对数据中心进行单机调试和联合调试，以确保每个设施设备和整个数据中心各个功能的正常运行。联合调试要求加载假负载进行测试，测试时需做好可能发生火灾等极端情况的预防和应急举措。整个项目竣工验收后，承建方须在监理单位的要求下，提供整个项目的过程性文档。如有必要，还需提供第三方结算审核机构的结算审核报告。

12.4 施工管理

12.4.1 装修工程施工基本要求

1. 地面施工基本要求

地面一般应铺设防潮层，确保数据中心内电子信息设备的环境要求。

防尘漆品种、颜色、质量必须按照设计要求，并符合《建筑装饰装修工程质量验收规范》的相关要求。

数据中心原地面和顶部水泥沙浆须抹平，表面不能有灰尘和浮土，并确保地面和顶部干燥。

柴油发电机房间、电池房间等地面如果采用自流平施工，相关设计、施工还要满足《环氧树脂自流平地面工程技术规范》的规定。

所有区域地面施工完成后，通过监理公司和建设单位的验收检查后，即可进入下一工序施工。地面一般要求涂刷两遍防尘漆，最后要对局部遗漏部分进行局部修整。

2. 抗静电活动地板施工基本要求

抗静电活动地板的施工应该按照《防静电工程施工与质量验收规范》的相关要求组织。地面做完防尘、防潮处理，地板下管线、防雷接地铜排等安装施工完成后才能进行活动地板的安装。地板铺设过程中应做到地面水平，遇到障碍物或不规则墙面，应按实际尺寸进行镶补并附加支撑部件，遇到不平地面，要进行填平处理。地板下要安装支撑系统（支架、横梁），支撑系统采用四周支撑式，支架上托板、底板为钢板，下支撑为圆型或方型钢管。为便于安装调整，在下支撑杆上安装有调整螺母，支撑高度可以通过调整支撑杆的高度进行调节，支撑高度调整后，可通过拧紧螺母以进行锁定。横梁为专用矩形钢管，表面经镀锌处理，美观、防腐，具有钢性好、承载能力强等特点。施工中要求地板支架安装平稳，支架间连接牢固。地板铺设紧密牢固，不得有松动，地板缝隙严密，拼缝平直方正。为保证数据中心地板的稳定和平整，在地板平面设计中应该统筹规划，避免出现小于 200mm 的补边地板。抗静电活动地板安装过程中，地板与墙面交界处，静电地板需精确切割下料，仔细打磨，做到地板周边光滑、无毛刺。切割边缘需经过封胶或者封边处理后才能进行安装。

安装地板后，需要用不锈钢板踢脚板对地板进行压边装饰，踢脚线要求表面平整光滑、高度、厚度保持一致，接缝严密，确保接缝排列合理美观，割角准确，上口平直。不锈钢板踢脚板与彩钢板墙面装饰要做到互相衬托，色调搭配协调一致，装饰效果较佳。

验收正式使用前，在活动静电地板上搬运、安装设备时，应对地板表面采取防护措施。

防静电活动地板允许的偏差一般要求表面平整度不大于 2mm，板面缝隙宽度不大于 0.5mm，板面拼缝平直度不大于 2mm。

3. 铝合金吊顶施工基本要求

吊顶的施工和工艺要依据《建筑装饰装修工程质量验收规范》中的相关规定进行。吊顶的材质、品种、样式、型号、颜色及造型尺寸应符合合同约定。安装施工中，要确保吊顶内空间的清洁、无积尘。

吊顶与龙骨、螺钉等各种配件必须配套使用，并进行除锈、防腐处理。

吊顶与龙骨连接要做到牢固、可靠，不得松动变形。设备口、灯具的安装位置应布局合理、排列整齐、无缝隙，做到对称、美观。

吊顶常用的施工工艺是：通过螺栓将吊杆固定在楼层顶棚，在吊杆上安装吊架龙骨，最后将龙骨安装在吊架龙骨上。实际施工过程中，条件允许的条件下，安装完吊杆之后，最好将吊杆及其周围刷一遍防锈、防水漆，防止吊杆生锈。在楼层顶棚刷防尘漆，做到防尘、防霉，防止灰尘掉落，给数据中心造成安全隐患。

按照设计图纸要求，首先测定并弹出标高线于数据中心四周的梁和墙上。如果吊顶标高低于窗户上沿，则需先安装窗帘盒，以使标高线交圈。所有工序需经过建设单位和监理公司验收后，才能进入下一工程个工序。

主龙骨布设应该垂直于吊顶条板方向，龙骨安装完毕后要拉线检查，检查龙骨是否调平直，只有使龙骨直平，才能保证吊顶顶面大面积平直，才能确保吊顶接缝准确、严密。

4.墙、面施工基本要求

数据中心内的墙一般分为轻钢龙骨隔墙、玻璃隔墙、砖砌墙和屏蔽体金属隔墙。隔墙所需材料品种、规格、花色、防火指标等应符合合同约定及有关标准规定，所有产品要具有出厂合格证明。

施工中，安装材料要求固定牢固、可靠。安装完毕后，玻璃墙应加贴明显警告标识。

采用的轻钢龙骨必须保证刚度，不得有弯曲变形情况。轻钢龙骨墙板表面不得有划痕，不得受潮、翘曲变形，且要求表面无脱层、折裂。彩钢板墙板运输到施工现场后，应做好保护，妥善存放，确保彩钢板不受潮、不破损、不污染、不变形。彩钢板墙板安装前必须检查，不允许表面有划伤划痕，有划伤产品均不得使用。彩钢板材料属于拼装式材料，施工中对龙骨架精度的要求较高，所以使用的彩钢板必须要求厚度、颜色、规格型号等保持一致，放线安装时要求必须绝对准确，一旦发现问题要及时沟通返工。

为确保施工质量，门口处应进行加固处理。轻钢龙骨和彩钢板的安装运行存在误差，一般允许的偏差为轻钢龙骨垂直间距小于等于3mm。

安装完毕后，墙面、柱面、地面等部位要用纸板、塑料布等进行保护，防止被碰撞、损坏和污染。在过道拐角等位置的墙面，必须使用纸板、塑料布等物品对其进行保护。数据中心验收使用前，彩钢板面上塑料膜才能去除。

5. 电气照明工程施工基本要求

为保证美观协调，电气照明灯具规格及安装高度应保持一致。

在吊顶板上安装灯具时，应考虑便于以后的维修。轻型灯具可以直接固定在吊顶龙骨上，重量较重的灯具需要单独设置灯具吊钩或螺栓。但防止以后吊顶变形，灯具一般不安装在龙骨上，一般采用单独吊装形式。

安装过程中，灯具要做到平直，与吊顶严丝合缝。灯具的金属外壳必须接地或接零线。如果灯具装在易燃结构部位时，在灯具周围应作好防火隔热措施。

6. 开关、插座施工基本要求

各型开关、插座的规格、型号必须符合合同要求，所有产品都要有产品合格证，安装高度保持一致。

交流、直流和不同电压的电源插座安装在数据中心内同一区域时，为了区分及安全使用，所有插座应有明显的标识标志。

暗装插座距地面一般不低于30cm。为安全起见，安装插座、开关时，不得破坏导线线皮，插座和开关面板固定时要端正，并要求与墙面平齐。

12.4.2　防雷接地系统施工基本要求

扁钢、紫铜带、线缆、角钢、绝缘棒、降阻剂等是防雷接地系统施工过程中用到的主要材料，所有材料必须有材质检验证明及产品合格证书。数据中心内的等电位端子排、均压带、接地装置等安装位置均要在设计时做好规划设计。防雷接地系统的安装施工过程大多是在隐蔽阶段实施的，这就要求每一环节完工后必须在监理公司的监督下对该环节进行检测，检测通过后方可进入下一环节施工。

在数据中心区的防静电地板下安装一个等电位均压带，材料一般选择紫铜带，沿数据中心区围护墙内侧环形用绝缘棒架高敷设，两端用紫铜带连接作为（除直流地外的）接地端子排，作为数据中心区各种接地系统单独引下线接线端接用。

等电位连接时，焊接、熔接或压接的金属表面须去除污物、油脂、氧化物和其他杂物，确保金属表面裸露。

交流接地和安全保护接地分别从楼层配电间引入，而直流接地须安装单独一根接地引线引至大楼的综合接地网络上。所有接地完成后，确保接地电阻小于1Ω，保证接地线间不产生电位差、不相互干扰。采用螺栓连接接地线的安装处理须按照《建筑电气工程施工质量验收规范》的相关规定处理。

12.4.3　数据中心新风系统施工基本要求

为了提高风管成品的完好性、提高运输效率、减少消耗，风管通常采取车间预制、现场装配的方法进行建设。即在车间中采用镀锌钢板加工成风管半成品，再运输到数据中心施工现场组合装配。风管在加工过程中应保持镀锌钢板表面平整，不应有氧化、腐蚀现象。

风管及部件安装前，须清除内外杂物及污垢并保持清洁。露出室外屋面的风管应设置防雨罩；穿出室外屋面1.5m的立管必须可靠固定、完好无损，不得出现裂纹。在安装风口时，安装风口前要仔细对风口进行检查，先检查清理风道内的杂物、垃圾，再安装，并确保风口无损坏、表面无划痕等缺陷，如发生损坏、锈蚀，应在损坏处涂刷两边防锈漆。

12.4.4 空调制冷系统施工基本要求

空调机组安装时须采取隔振措施，且须固定牢靠。采用地板下送风制冷方式时，为确保送风效果，送风口与底座或者地板接缝处应采取密封措施。重要水管位置应该采取防漏和防结露的措施。

空调制冷系统是精密设备，搬运时必须保持立正，不可横倒、翻倒，否则会引起设备内的液体发生偏移而损坏空调制冷系统的性能。

使用砂轮锯或钢锯切割时会在空调铜管内部遗留铜粉，可能会对设备造成重大的损坏。严禁使用钢锯或者砂轮锯割断铜管，必须使用切管器。铜管切割产生的毛刺，安装前必须清除干净。

12.4.5 综合布线系统施工基本要求

数据中心内预留地槽、暗管、孔洞的位置、数量和尺寸均应符合设计要求。

施工前，建设单位和监理单位需联合对所用缆线器材规格、数量、质量进行检查，所有产品必须具备产品出厂检验合格证。

机架的安装应牢固，机架上的各种零配件不得损坏或脱落。安装施工过程中，如果机架漆面脱落，必须进行补漆操作，保证补漆颜色保持一致，并确保机架上各种标志标识完整清晰。机架安装时，机架前面空间应大于1m，机架背面离墙面空间应大于 0.8m，以便于安装、施工和后期维护的便捷。

线缆敷设前应对线缆外观进行检查，确保无破损。线缆的布防应自然平直，不得扭绞，避免交叉，标签须准确、清晰。

信息插座底座安装位置应符合设计要求。固定方法根据施工现场条件而定，宜采用扩张螺钉、射钉等方式。固定螺丝不能产生松动现象。安装完毕后，信息插座应做好标签，以颜色、图形和文字表示所接终端设备的类型。数据中心内光纤、双绞线等线缆布防完毕后，应进行 FLUKE 测试和 OTDR 测试，测试通过后，再进行捆扎固定。整个综合布线建设完毕后，须提供布线路由图、点位分布图、检测报告等正式文档。

12.4.6　UPS 电源系统施工基本要求

电气工程安装是数据中心工程中最为重要的环节之一，电气工程安装质量的优劣将直接影响数据中心的安全稳定运行，所以施工过程中对电气工程质量的控制就显得愈加重要。

施工前，建设单位和监理单位需联合对所安装的设备设施说明书、外观、标签、数量、标志、产品合格证、型号规格、产地和技术文件资料等进行检验。检验合格之后才能对设备进行安装。

为避免 UPS 电源系统排气孔的排气空间较小，导致 UPS 电源系统内部温度升高，影响 UPS 电源系统的寿命，UPS 电源系统的后板及侧板应与墙壁或相邻设备之间距离大于 1m，UPS 电源系统主机与墙壁和相邻设备之间不能堆放杂物。

为了保持 UPS 电源系统良好的使用环境，应该避免阳光直射，避免安装于热度过高、湿度过高、盐分过高或者含腐蚀性物质的环境中，并且 UPS 电源系统要远离水、可燃性气体、粉尘、有毒物质、挥发性气体和发热源等。

为确保人员的安全，电池汇流排裸漏部分必须加装绝缘护板。

数据中心施工完毕，自检和验收时应该对 UPS 电源系统进行加载假负载测试，加载假载测试通过后才能进行验收确认。在加载假负载测试时，可能会使蓄电池温度过高，极端情况下可能会发生火灾，所以测试时需做好火灾发生的预防应急措施。

12.4.7　数据中心控制管理系统施工基本要求

数据中心的电力电缆安装时，必须与信号线缆、控制线缆分开敷设。安装条件不允许时，信号线缆和控制线缆应做好屏蔽措施。探测器、采集器、门禁和摄像头等设备应根据设计进行安装，确保安装牢固。

12.4.8　数据中心屏蔽体系统基本要求

为确保屏蔽体的效能，滤波器、波导管、屏蔽门和波导窗等所有产品应该符合标准规范，所有产品须有产品合格证，具备合格检测证明。

滤波器和波导管两端电缆和光纤应吊挂标识牌。

建设过程中，屏蔽体系统钢板要求每个面的任何部位不平度 ≤4mm/m^2，墙面垂直度 ≤10mm。

龙骨与建筑地面之间要布置绝缘垫块，绝缘电阻要符合标准要求。

墙面龙骨与建筑墙体之间要保持一定距离，以保证整个数据中心的绝缘要求。

屏蔽数据中心整体的强度安全完全体现在钢龙骨结构和强度上。顶面骨架和骨架焊接成空间网格结构，形成良好的受力点和完整的受力面。

焊接式屏蔽室的施工过程中，为使壳体具有很好的防腐性能，焊接前钢板均刷涂环保水性防锈底漆两遍，并预留焊缝位置，要按照设计图将预加工的金属板块焊接成整体，将屏蔽壳体骨架与建筑围护结构内表面固定，确保骨架与楼宇间的绝缘。焊接过程中，焊缝应光滑、致密，不得有熔渣、裂纹、气泡和虚焊。施工过程中，要随时对焊缝进行质量检测。待整个屏蔽体焊接完毕后，再刷一遍防锈漆。

装配式屏蔽室施工前，要确保安装楼地面平整，满足设计要求。屏蔽壳体墙板组件和顶板组成安装顺序与技术要求要满足产品说明书。接缝处要严密、接触良好，螺钉要紧固可靠。铜网式部件的装配接触处要用酒精擦拭干净。

建设完成后，为保证屏蔽体建设工程的质量，确保验收顺利，承建单位（公司）应具备质量自检能力。屏蔽体自检主要包括壳体自检和屏蔽效能检测。电磁屏蔽体内的装修装饰配电、新风系统、综合布线、消防灭火系统、防雷和接地系统等方面的施工须在自检合格后实施。屏蔽体自检指在屏蔽壳体完成时进行的初步检验，主要是进行焊接均匀度、有无毛刺、有无漏焊、有无虚焊、是否焊接牢固等方面的检测。屏蔽壳体组装过程中要随时对板壁部件进行水平和垂直校正。屏蔽门施工过程中要确保壳体门洞处的金属板与壁板部件焊接牢固可靠，并且无缝隙、无变形。有资金预算的前提下，可以聘请有资质的监理公司对建设过程及建设质量进行监理。检验项目主要包括设备外观、性能是否达标等。屏蔽体系统的验收主要包括对屏蔽室主体、关键部件（屏蔽门、波导窗、波导管、滤波器）等的验收。除了施工过程中的自检项目外，还要对安装完毕后，整个屏蔽室的外观涂漆进行验收，确保涂漆均匀、牢固、无遗漏。验收时，施工方应该提供施工图、竣工图、主要设备部件的出厂合格书、施工记录及屏蔽效能测试记录等。

屏蔽体系统建设完成后，建设单位在数据中心整体验收过程中，应根据要求邀请国家行政机构或者国家授权的第三方权威机构对电磁屏蔽室进行全面检测，并出具屏蔽效能检测报告和相应的屏蔽等级证书。

12.5　本章小结

数据中心施工组织的好坏与否将直接决定数据中心建设的质量。本章从施工组织和施工工艺角度出发，对数据中心的施工组织程序、装修工程基本要求、防雷接地施工基本要求、数据中心新风系统施工基本要求、空调系统施工基本要求、综合布线系统施工基本要求、UPS 电源系统施工基本要求、控制管理系统施工基本要求和屏蔽体系统施工等进行了较为详细的阐述。

附 录

数据中心项目组织过程和验收过程样表

1. 数据中心项目开工/复工报审表

_____数据中心项目开工/复工报审表

项目编号			
项目名称			
建设单位		监理公司	
承建单位 （公司）			

致：_____

　　我方承担的_____项目，已完成了以下各项工作，具备了开工/复工条件，特此申请开工/复工，请核查并签发开工/复工手续。

附：1. 开工报告。

　　2. 证明文件。

　　3. 其他（内容较多，可加附件）。

承建单位（公司）（盖章）：_____

项目经理：_____

时　　间：_____

审查意见：

经审核/复核，公司所报资料与实际情况一致/不一致，同意/不同意项目开工/复工。

监理公司（盖章）：

总监理工程师：_____

时　　间：_____

2. 设计方案 / 实施方案 / 技术方案报审表

＿＿＿＿＿＿＿＿项目设计方案 / 实施方案 / 技术方案报审表

项目编号			
项目名称			
建设单位		监理公司	
承建单位 （公司）			

致：＿＿＿＿＿＿

　　我方已根据项目合同的有关规定完成了＿＿＿＿＿＿项目设计方案 / 实施方案 / 技术方案的编制，该方案已通过我单位内部审查，现提交给贵方，请予以审查审核。

附：1. 项目设计方案 / 实施方案 / 技术方案。

　　2. 内部质量审查记录。

　　3. 其他（内容较多，可加附件）。

承建单位（公司）（盖章）：＿＿＿＿＿＿＿

项目经理：＿＿＿＿＿＿＿

时　　间：＿＿＿＿＿＿＿

审查意见：

监理公司（盖章）：

总监理工程师：＿＿＿＿＿＿＿

时　　间：＿＿＿＿＿＿＿

审核意见：

建设单位：＿＿＿＿＿＿＿

项目负责人：＿＿＿＿＿＿＿

时　　间：＿＿＿＿＿＿＿

3. 分包单位资质报审表

_____项目分包单位资质报审表

项目编号			
项目名称			
建设单位		监理公司	
承建单位（公司）			

致：_____

　　经考察、分析、研究，我方认为拟选择的_____（分包单位）具有承担下列项目的_____资质和施工能力，可以保证本项目按合同的规定进行施工。实施分包后，我方仍承担总包单位的全部责任。请予以审查和批准。

附：1. 分包单位资质材料。

　　2. 分包单位业绩材料。

　　3. 分包项目情况：

分包项目名称	分包内容	项目数量	分包项目合同额

总包单位（盖章）：_____

项目经理：_____

时　　间：_____

审查意见：

监理工程师：_____

时　　间：_____

审核意见：

监理公司（盖章）：

总监理工程师：_____

时　　间：_____

4. 部分项目报验申请表

_____项目部分项目报验申请表

项目编号			
项目名称			
建设单位		监理公司	
承建单位 （公司）			

致：_____
　　我公司已完成了_____分项目建设，现上报该分项目报验申请表，请予以审查。验收合格后，将进入下一分项目的建设任务。
建设内容主要包括：

附件：1. 建设过程文件（内容较多，可加附件）。

2. 其他（内容较多，可加附件）：

承建单位（公司）（盖章）：_____

项目经理：_____

时　　间：_____

审查意见：

监理公司（盖章）：

总监理工程师：_____

时　　间：_____

5. 项目验收申请表

_____项目验收申请表

项目编号			
项目名称			
建设单位		监理公司	
承建单位 （公司）			

致：_____
　　我方已按合同要求完成了_____项目，经自检合格，请予以检查和验收。
附件：
1. 系统功能性能整体自检报告。
2. 项目工作总结报告。
3. 内部质量审查记录。
4. 监理相关记录。
5. 建设过程文件（内容较多，可加附件）。

承建单位（公司）（盖章）：_____
项目经理：_____
时　　间：_____

审核意见：
经审核，该项目：
1. 符合 / 不符合我国现行法律、法规要求；
2. 符合 / 不符合我国现行信息工程建设标准；
3. 符合 / 不符合设计施工方案；
4. 符合 / 不符合合同内容要求。
综上所述，该项目可以 / 不可以组织正式验收。

监理公司（盖章）：_____
总监理工程师：_____
时　　间：_____

审查意见：

建设单位：_____
项目负责人：_____
时　　间：_____

6. 项目文档移交证明

_____项目文档移交证明

项目编号			
项目名称			
建设单位		监理公司	
承建单位 （公司）			

致：_____（承建单位）

　　兹证明_____项目文档已按照国家标准、合同和监理工程师的要求完成。现向贵方提交_____项目文档（包括纸质和电子光盘两种介质）和源代码。

其他（内容较多，可加附件）：

监理工程师：_____

时　　间：_____

承建单位（公司）意见：

我方按照监理意见整理好项目文档（包括纸质和电子光盘、U盘两种介质）和源代码（版本号为_____）。移交目录详见附件。

附件：

1. 项目移交纸质文档目录。
2. 项目移交电子资料（含电子文档和源代码）目录。

承建单位（公司）（盖章）：_____

项目经理：_____

时　　间：_____

审核意见：

经审核，该项目文档和源代码：

1. 符合／不符合项目合同内容规定和要求；
2. 符合／不符合我国现行信息工程建设标准；
3. 符合／不符合建设单位关于文件编制和系统运维要求；

综上所述，该项目文档可以／不可以向建设单位移交，在此确认。

其他：

监理公司（盖章）：_____　　　　建设单位：_____

总监理工程师：_____　　　　接　收　人：_____

时　　间：_____　　　　时　　间：_____

7. 设备 / 设施到货验收表

_____项目设备 / 设施到货验收记录表

项目编号					
项目名称					
到货地点		到货时间		年　　月　　日	

验货人员	建设单位					
	监理公司					
	承建单位（公司）					

	序号	设备名称 / 型号	详细配置描述	货物数量	备注
到货情况					

验收情况	货物数量是否齐全　　　　是□　　　否□ 货物包装是否完好　　　　是□　　　否□ 设备加电是否正常　　　　是□　　　否□ 设备配置是否符合要求　　是□　　　否□ 随机材料是否完整　　　　是□　　　否□ 缺失货物情况： 损坏货物情况： 其他：
结论	验收合格□　　　　　　　　　　　验收不合格□

建设单位代表： 时间：	监理公司代表： 时间：	承建单位（公司）代表： 时间：

8.隐蔽工程现场旁站记录表

_____项目隐蔽工程现场旁站记录表

<table>
<tr><td colspan="2">项目编号</td><td></td></tr>
<tr><td colspan="2">项目名称</td><td></td></tr>
<tr><td colspan="2">隐蔽事项所属
分项工程名称</td><td></td></tr>
<tr><td colspan="2">施工地点</td><td></td></tr>
<tr><td colspan="2">施工起止时间</td><td></td></tr>
<tr><td rowspan="4">在
场
人
员</td><td>建设单位</td><td></td></tr>
<tr><td>监理公司</td><td></td></tr>
<tr><td>承建单位（公司）</td><td></td></tr>
<tr><td>其他单位</td><td></td></tr>
<tr><td rowspan="2">隐
蔽
工
程
施
工
检
查
过
程</td><td colspan="2">1.施工部位和内容：

2.施工工序：

3.施工采取主要工艺和技术：

4.监理评价依据：

5.监理检查结论：

6.其他（内容较多，可加附件）：

附件：隐蔽工程实施过程和实施结果的照片。</td></tr>
<tr><td colspan="2">
建设单位代表：

时间：

    监理工程师：

    时间：

    承建单位（公司）代表：

    时间：</td></tr>
</table>

9.综合布线系统现场抽验记录表

_____项目综合布线系统现场抽验记录表

项目编号			
项目名称			
抽验频次 / 周期		抽验地点	
监理公司 人员		承建单位（公司） 人员	

致：_____（承建单位）

1.抽验测试内容：

2.抽验标准和依据：

3.抽验测试方法和仪器：

4.电缆识别命名规则：

5. 抽测结果和结论：

6.其他（内容较多，可加附件）：

抄送：_____（建设单位）

监理公司（盖章）：_____

监理工程师：_____

时　　间：_____

10. 隐蔽工程报验申请表

＿＿＿＿＿＿＿＿项目隐蔽工程报验申请表

项目编号	
隐蔽工程名称	
建设单位		监理公司	
承建单位 （公司）	

致：＿＿＿＿＿＿

　　我单位已完成了＿＿＿＿＿＿＿隐蔽工程建设，现报上该工程报验申请表，请予以审查。验收合格后，将进入下一工程建设。

建设内容包括：

依据：《数据中心基础设施施工及验收规范》。

附件：隐蔽工程施工过程文件、照片、影像视频等（内容较多，可加附件）。

　　　　　　　　　　　　　　承建单位（公司）（盖章）：＿＿＿＿＿＿＿

　　　　　　　　　　　　　　　　　　　项目经理：＿＿＿＿＿＿＿

　　　　　　　　　　　　　　　　　　　时　　间：＿＿＿＿＿＿＿

审查意见：

　　　　　　　　　　　　　　　　　　　监理公司：＿＿＿＿＿＿＿

　　　　　　　　　　　　　　　　　　总监理工程师：＿＿＿＿＿＿＿

　　　　　　　　　　　　　　　　　　　时　　间：＿＿＿＿＿＿＿

11. 控制管理系统功能和性能符合性检查表

_____项目控制管理系统功能和性能符合性检查表

项目编号					
项目名称		系统名称			
建设单位		监理公司			
承建单位 （公司）					
检查人员		检查时间			
功能／ 性能名称	功能／ 性能要求	检测内容 （功能点／性能点）	要求来源	是否通过	备注
			□合同要求	□是　　□否	
			□额外增加	□是　　□否	
			□需求变更	□是　　□否	
			□合同要求	□是　　□否	
			□额外增加	□是　　□否	
			□需求变更	□是　　□否	
			□合同要求	□是　　□否	
			□额外增加	□是　　□否	
			□需求变更	□是　　□否	
			□合同要求	□是　　□否	
			□额外增加	□是　　□否	
			□需求变更	□是　　□否	
			□合同要求	□是　　□否	
			□额外增加	□是　　□否	
			□需求变更	□是　　□否	
			□合同要求	□是　　□否	
			□额外增加	□是　　□否	
			□需求变更	□是　　□否	
建设单位： 时间：		监理公司： 时间：		承建单位（公司）： 时间：	

12. 项目暂停通知表

_____项目暂停通知表

项目编号			
项目名称			
建设单位		监理公司	
承建单位（公司）			

致：_____（承建单位）

　　由于_____原因，现通知你方必须于_____年___月___日___时起，对本项目的_____部位（工序）实施暂停施工，你方必须将以上情况整改，自检合格后，向我方申请复工。

附件：停工理由详细说明（内容较多，可加附件）。

抄送：_____（建设单位）

监理公司（盖章）：_____

总监理工程师：_____

时　　间：_____

13. 项目延期申请表

_____项目延期申请表

项目编号			
项目名称			
建设单位		监理公司	
承建单位 （公司）			

致：_____

　　根据项目合同条款_____的规定，由于_____原因，我方申请_____项目延期，请予以审查。

附件：

1. 合同原竣工日期：

　　申请延长竣工日期：

2. 证明材料（内容较多，可加附件）。

承建单位（公司）（盖章）：_____

项目经理：_____

时　　间：_____

审查意见：

监理公司（盖章）：_____

总监理工程师：_____

时　　间：_____

审核意见：

建设单位：_____

项目负责人：_____

时　　间：_____

14. 材料／配件／设备／软件进场报审表

_____项目材料／配件／设备／软件进场报审表

项目编号	
项目名称	
建设单位	监理公司
承建单位 （公司）	

致：_____

　　我方于_____年___月___日进场的材料／配件／设备／软件数量如下（见附件）。现将质量证明文件及自检结果报上，拟用于下述分项目：_____。

请予以审核。

附件：1. 数量清单。
　　　2. 质量证明文件（厂家检测报告、合格证）。
　　　3. 自检证明／报告。
　　　4. 其他（内容较多，可加附件）。

承建单位（公司）：_____

项目经理：_____

时　　间：_____

审查意见：
　　经检查，上述材料／配件／设备／软件，符合／不符合设计文件和规范的要求，准许／不准许进场，同意／不同意使用于拟定部位。

监理公司：_____

监理工程师：_____

时　　间：_____

15. 项目 / 设备变更申请表 / 联系单

_____项目 / 设备变更申请表 / 联系单

项目编号			
项目名称			
建设单位		监理公司	
承建单位 （公司）			
申请日期			

致：_____（建设单位）

　　　_____（监理公司）

根据项目的实际情况，需要对工程进行如下变更，详细变更情况如下：

1. 变更的详细内容：

2. 变更的理由：

3. 变更对本工程进度的影响：

4. 变更对本合同金额的影响：

5. 证明附件材料：

6. 其他（内容较多，可加附件）：

承建单位（公司）（盖章）：_____

项目经理：_____

时　　间：_____

审查意见：

监理公司：_____

总　　监：_____

时　　间：_____

审核意见：

建设单位：_____

项目负责人：_____

时　　间：_____

16. 数据中心项目建设开工证明

_____数据中心项目建设开工证明

项目编号			
项目名称			
建设单位		监理公司	
承建单位（公司）			

致：_____（承建单位（公司））

　　经审核，我方认为你方已经完成了项目实施前的准备工作，满足了开工条件，同意你方于_____年___月___日起开始进场施工。

附件：承建单位（公司）提交的申请书、施工计划表、施工方案等材料。

　　抄送：_____（建设单位）

监理公司：_____

总监理工程师：_____

时　　间：_____

17. 数据中心项目供配电系统验收表

_____数据中心项目供配电系统验收表

项目名称			
项目编号			
承建单位（公司）			
建设单位			
监理公司			

		内　　容	结　论
通用要求	1	电气装置的型号、规格及其附属技术文件是否符合要求	
	2	线缆的型号、规格、敷设方式、相序、导通性、标签等是否符合要求	
	3	照明装置的型号、规格、安装方式、导通性等是否符合要求	
电气装置要求	1	配电柜及其附属配件的型号、规格、安装是否符合要求	
	2	UPS 电源系统及其配套设施设备的规格（电压、电流、输入输出特性等）、型号、安装是否符合要求	
	3	电气系统的隐蔽工程施工及技术资料是否符合要求	
	4	开关、插座和线缆等是否符合要求	
照明装置要求	1	灯具的型号及安装是否符合要求	
	2	开关及其线缆的型号、安装是否符合要求	
柴油发动机系统	1	柴油发动机系统的型号、电能质量、通风散热、安装位置、噪声等性能是否符合要求	
	2	柴油发动机系统的满载调试情况是否符合要求	
不合格项目			
人员签字	承建公司： 代　　表： 时　　间：	监理公司： 代　　表： 时　　间：	建设单位： 代　　表： 时　　间：

18. 数据中心项目空调制冷和新风排烟系统验收表

_____数据中心项目空调制冷和新风排烟系统验收表

项目名称				
项目编号				
承建单位（公司）				
建设单位				
监理公司				
		内　　容		结　　论
空调制冷系统	1	空调制冷系统的室外机和室内机的型号、规格、安装等是否符合要求		
	2	空调制冷系统的管道、保温安装等是否符合要求		
	3	空调制冷系统的满载运行调试是否符合要求		
新风及排烟系统	1	新风和排烟系统型号、风管、安装等是否符合要求		
	2	防火阀、泄压阀等安装是否符合要求		
其他	1			
	2			
不合格项目				
人员签字		承建公司： 代　　表： 时　　间：	监理公司： 代　　表： 时　　间：	建设单位： 代　　表： 时　　间：

19. 数据中心项目接地和防雷系统验收表

_____数据中心项目接地和防雷系统验收表

项目名称				
项目编号				
承建单位（公司）				
建设单位				
监理公司				
		内　　容		结　论
接地系统	1	接地线规格、型号等是否符合要求		
	2	接地端子规格、型号、安装等是否符合要求		
	3	接地线焊接、刷漆、安装等是否符合要求		
防雷系统	1	等电位规格、焊接是否符合要求		
	2	浪涌保护器的规格、接线安装是否符合要求		
其他	1			
	2			
不合格 项目				
人员签字	承建公司： 代　　表： 时　　间：		监理公司： 代　　表： 时　　间：	建设单位： 代　　表： 时　　间：

20. 数据中心项目基础环境验收表

_____数据中心项目基础环境验收表

项目名称			
项目编号			
承建单位（公司）			
建设单位			
监理公司			
		内　　容	结　论
吊顶	1	吊顶及其龙骨的规格、型号等是否符合要求	
	2	吊顶及其龙骨的安装、保温等是否符合要求	
地面	1	地面施工是否符合要求	
	2	静电活动地板的规格、安装等是否符合要求	
墙面、柱面	1	墙面及柱面的施工、规范、施工效果等是否符合要求	
门、窗	1	门的规格、型号、安装等是否符合要求	
	2	窗的规格、型号、安装等是否符合要求	
防虫、防水、防鼠措施	1	防虫措施是否符合要求	
	2	防水措施是否符合要求	
	3	防鼠措施是否符合要求	
其它	1		
	2		
不合格项目			
人员签字	承建公司： 时　间：	监理公司： 代　表： 时　间：	建设单位： 代　表： 时　间：

参考文献

［1］钟景华，朱利伟，曹博等.绿色数据中心的规划与设计［M］.北京：电子工业出版社，2010，10-450.

［2］《数据中心设计规范》GB50174—2017.

［3］冷飚.数据中心基础设施运维基础教程［M］.北京：北京邮电大学出版社，2020，10-156.

［4］https://www.sohu.com/a/371717939_120560106

［5］https://baijiahao.baidu.com/s?id=16872866060755212321&wfr=spider&for=pc

［6］林予松，李润知，刘炜.数据中心设计与管理［M］.北京：清华大学出版社，2017，10-240.

［7］http://www.doc88.com/p-613602725397.html

［8］《供配电系统设计规范》GB 50052-2016

［9］《民用建筑供暖通风与空气调节设计规范》GB 50736-2012

［10］《工业建筑供暖通风与空气调节设计规范》GB 50019-2015

［11］《住宅新风系统技术标准》JGJ/T 440-2018

［12］《不间断电源设备》GB 7260.3-2016

［13］郭利群.数据中心设计中柴油发电机组的选择［J］.智能建筑电气技术，2014，8（04）：50-54.

［14］李家齐，王刚，赵鑫．人工智能背景下的高校智能数据中心建设探讨［J］．电子测试，2018，（17）：81-83.

［15］https://max.book118.com/html/2017/0831/131018407.shtm

［16］https://baike.baidu.com/item/%E7%94%B5%E7%A3%81%E5%B1%8F%E8%94%BD/9927867?fr=aladdin

［17］https://blog.csdn.net/weixin_34234829/article/details/90506297

［18］《数据中心防雷技术规范》DB37/T3221-2018

［19］《楼宇防雷设计规范》GB50057—2017

［20］https://zhuanlan.zhihu.com/p/389508393

［21］https://wenku.baidu.com/view/d6d51f6b951ea76e58fafab069dc5022aaea46ee.html

［22］https://wenku.baidu.com/view/7773b636caaedd3382c4d34f.html

［23］中数智慧信息技术研究院．数据中心配电柜应用技术白皮书［M］．北京：电子工业出版社，2020，10-301.

［24］https://www.sohu.com/a/258591242_825930

［25］《数据中心基础设施施工及验收规范》GB 50462-2015

［26］《建筑电气安装工程施工质量验收规范》GB 50303-2015

［27］https://www.docin.com/p-2328009546.html

［28］https://www.jinchutou.com/p-125172818.html

［29］https://wenku.so.com/d/abb7b01c4661d4ef08ed4ac6a44dda13?src=www_rec

［30］中国计算机用户协会数据中心分会．中国数据中心发展蓝皮书［M］．北京：电子工业出版社，2021，10-301.

［31］《气体灭火系统施工及验收规范》GB50263-2007

［32］《火灾自动报警系统设计规范》GB50116-2013

［33］《建筑设计防火规范》GB/T50016-2014

［34］《火灾自动报警系统施工及验收规范》GB50166-2019

［35］《建筑灭火器配置设计规范》GB50140—2005

［36］《七氟丙烷（HF-227ea）洁净灭火系统设计规范》DBJ15-23-1999

［37］《电子设备机柜通用技术条件》GB/T 15395-1994

［38］《综合布线系统工程验收规范》GB/T 50312-2016

［39］《大楼通信综合布线系统第1部分：总规范》YD/T 926.1-2009

［40］《数据中心电信设施标准》ANSI/TIA-942

［41］《建筑与建筑群综合布线系统工程设计规范》GB/T50311-2016

［42］王蓉，郭久智，林瑜，王丰．高校智能模块化数据中心建设［J］．科教导刊（电子版），2020，（26）：6-7.

［43］王丰，林瑜，卢强等．数据中心电磁屏蔽系统建设技术研究［J］．信息系统工程，2021，（1）：23-24.

［44］贾力卿．广电机房屏蔽系统工程施工技术与验收［J］．黑龙江科学，2014，5（6）：149.

［45］赵天良．电磁屏蔽室的分类及其屏蔽效能的确定［J］．科技创新导报，2012，（22）：133.

［46］石军．机房屏蔽系统工程的设计技术［J］．科技创业家，2014，（2）：228.

［47］金晓东．网络在线用车管理系统的设计与实现［J］．信息与电脑（理论版），2010（12）：58.

［48］邹皖峰，李江山，郑杰等．数据中心主机房区综合布线光缆选型探讨［J］．建筑电气，2022，41（09）：45-50.

［49］李陆军．电磁屏蔽室气体消防系统的分析和应对［J］．质量与安全，2015，（27）：219-220.

［50］商维甫．电磁屏蔽室的设计与施工［J］．中国建设信息化，2019，（16）：60-61.

［51］曹昊．机房屏蔽探讨［J］．智能建筑与城市信息，2011，（11）：47-48.

［52］《建设工程监理规范》（GB/T50319—2013）

［53］https://wenku.baidu.com/view/8952462e2c3f5727a5e9856a561252d380eb2097.html

［54］《智能建筑工程质量验收规范》GB 50339-2016

［55］张宜．数据中心综合布线系统工程应用技术［M］．北京：电子工业出版社，2017，10-367.

［56］王薇薇，陈德全，洛奎等．数据中心设计运维标准、规范解读与案例［M］．北京：电子工业出版社，2010，10-170.

［57］洪倩．高校网络中心机房智能化管理系统的设计与应用［J］．信息与电脑，2013，（10）：160-161.

［58］王京南，陈领起，高广宇．高效节约型高校数据中心的建设和实践探索［J］．实验科学与技术，2018，16（2）：211-214.

［59］https://www.doc88.com/p-2505613265810.html

［60］http://www.360doc.com

［61］https://kns.cnki.net/kcms

［62］https://wenku.baidu.com

［63］https://max.book118.com

［64］周翔．医疗建筑中柴油发电机组设计探讨［J］．智能建筑电气技术，2019，13（06）：116-121.

［65］庄衍平，许乃强．柴油发电机组国家标准的应用［J］．移动电源与车辆，2018（03）：36-45.

［66］李国会，张晶，何乐婷，陈倩颖，罗伟航．A级数据中心10kV发电机设计探析［J］．建筑电气，2022，41（09）：51-56.

［67］陈斌．数据中心备用发电机组功率选型讨论［J］．中国科技信息，2014（05）：115-117.

［68］邹皖峰，李江山，郑杰，闫海亮．数据中心主机房区综合布线光缆选型探讨［J］．建筑电气，2022，41（09）：45-50.

［69］https://www.wenku365.com

［70］https://www.mayiwenku.com

后　记

从 2018 年开始，党中央和国务院多次召开会议，对新型基础设施建设提出了新的要求。随着 5G、云计算、人工智能、区块链等新一代信息技术的快速创新、发展，以及互联网、物联网等的应用推广，数据中心作为信息技术的载体，在新基建条件下，数据中心被赋予了新的使命和内涵，在社会经济、政治活动中的作用越来越突出。数据中心进入了快速发展的建设通道。数据中心不仅是承载着提供服务和数据存储的传统数据场所，而且还是促进 5G、人工智能、云计算、大数据等新一代信息技术发展的算力载体和数据中枢。2020 年，突如其来的新冠肺炎疫情使线上办公、学习、娱乐和购物的应用需求暴增，对数据中心的承载能力也提出了更高的标准要求。而且，随着社会的发展，数字经济在国民经济中的占比越来越高。据有关专家预测，数字经济在国民经济中的占比会原来越重，到 2030 年前后，数字经济在国民经济中的占比甚至会超过 70%。数据中心设计是否符合标准和规范、建设质量是否符合设计要求都将直接影响建设单位的使用情况，甚至影响更大群体的信息技术的正常使用和应用效果。

本书从数据中心涉及的各个子系统入手，分系统逐个介绍，层次分明，逻辑清晰，知识结构完整。在内容设计上力求兼顾理论的深度和广度，既注重理论知识的介绍，又注重实践实用技术的引入。

本书非出于盈利目的，只是作为作者与同仁学术交流及阶段性工作的总结。编写过程中参考了大量的论著、文献资料和互联网资料，引用的文献均注明了出处。另外，也得到了数据中心相关建设单位、设计单位、相关专业同仁，以及各界亲朋好友的技术和资料支持。由于引用文献较多，提供帮助的单位和个人较多，在此不一一具名。在此，对本书引用文献的作者、单位，及对编写、出版给予帮助和支持的所有人表示衷心的感谢。如涉及相关资料的版权问题，请联系作者或出版社，在图书再版时进行删除。由于时间和编者的水平有限，相关技术也在不断进步，而且新技术层出不穷，创作过程中难免会产生疏漏。恳请各位专家和读者对书中的不当之处多做批评和指正，并提出宝贵意见。